L'Adoration Que Dieu Demande

L'Adoration Que Dieu Demande

Bishop Jean E. Bruny

Copyright © 2025 par Jean Enock Bruny. Tous droits réservés.

Ce livre, « *l'Adoration que Dieu Demande* », ainsi que son contenu (y compris le texte, les idées, les prières, les questions de réflexion, les exercices pratiques, et tout autre matériel associé) sont protégés par les lois internationales sur les droits d'auteur. Aucune partie de ce livre ne peut être reproduite, distribuée, ou transmise sous quelque forme que ce soit ou par quelque moyen que ce soit (électronique, mécanique, photocopie, enregistrement ou autre), sans l'autorisation écrite préalable de l'auteur.

Utilisation autorisée :

- Les lecteurs peuvent utiliser ce livre à des fins personnelles ou dans le cadre d'études bibliques en groupe, tant que le contenu n'est pas modifié et que l'auteur est crédité.

Utilisation non autorisée :

- La reproduction intégrale ou partielle à des fins commerciales sans l'autorisation écrite de l'auteur.
- L'altération, la modification ou l'utilisation abusive du contenu à des fins non conformes à l'intention initiale.

Demande d'autorisation :

Pour toute demande de reproduction, de distribution, de traduction, ou d'adaptation du contenu de ce livre, veuillez contacter l'auteur directement à l'adresse suivante :

2611 Broadway Ave
West palm Beach, FL 33407
+1 561 429 5367
wpbcogmedia@gmail.com

Jean Enock Bruny se réserve le droit de mettre à jour ces mentions de copyright à tout moment. En utilisant ce livre, vous acceptez ces termes et conditions.

ISBN : 9798307185476
Première Édition, 2025
Publié par WPBCOG

Remerciements

À Dieu Tout-Puissant
Tout d'abord, je rends gloire à Dieu, le Créateur et le Seigneur de ma vie, pour Son inspiration, Sa sagesse, et Sa direction tout au long de la rédaction de cet ouvrage. C'est par Sa grâce infinie que ce livre a vu le jour. Seigneur, Tu es la source de toute vérité, et je Te rends honneur pour Ton amour incommensurable et Ta fidélité constante. À Toi soit toute la gloire, pour toujours !

À ma famille bien-aimée
Je tiens à exprimer ma profonde gratitude à ma précieuse épouse, **Lona**, pour son amour inconditionnel, son soutien inébranlable, et sa foi constante en moi et en l'œuvre de Dieu dans ma vie. Ton encouragement a été une lumière sur ce chemin.

À ma fille **Naschelyre**, et à mes deux fils **Marc** et **McGoffy**, merci pour votre patience, vos prières, et vos sourires qui me rappellent quotidiennement les bénédictions de Dieu. Votre présence dans ma vie est un témoignage vivant de la bonté et de la grâce de notre Père céleste. Vous êtes une source de joie et d'inspiration pour moi.

À la Première Église Haïtienne de Dieu de West Palm Beach
Je suis reconnaissant à la communauté de la Première Église Haïtienne de Dieu de West Palm Beach pour leur soutien spirituel et leurs prières. Vous êtes une famille en Christ qui m'encourage constamment à aller de

l'avant dans l'œuvre de Dieu. Votre foi, votre amour, et votre unité sont une source de bénédiction pour moi.

Au Chœur d'Adoration de l'Église
Un merci particulier au groupe de chœur d'adoration de l'Église pour leur engagement à conduire le peuple de Dieu dans une louange authentique et passionnée. Votre dévouement est un témoignage puissant de l'impact de l'adoration collective.

À Psalmiste Pedro S. Vallery
Je tiens à exprimer ma gratitude particulière à **Psalmiste Pedro S. Vallery**, pour son zèle, son talent musical, et son leadership dans l'adoration. Ton amour pour Dieu et ton cœur de serviteur ont inspiré de nombreux moments d'adoration profonds, et je suis honoré de collaborer avec toi pour glorifier le nom de notre Seigneur.

À tous les lecteurs
Enfin, à vous, chers lecteurs, je vous remercie d'avoir choisi de parcourir ces pages. Mon désir le plus profond est que ce livre vous conduise à une adoration plus authentique, plus intentionnelle, et plus profonde envers notre Dieu.

Que tout ce que nous faisons soit pour Sa gloire.
Avec reconnaissance et amour en Christ,
Bishop Jean Enock Bruny

À Propos de l'Auteur

Jean Enock Bruny est un pasteur engagé et inspiré, actuellement responsable de la **Première Église de Dieu de West Palm Beach**, en Floride. Avec un ministère centré sur la transformation spirituelle et l'édification des croyants, il est reconnu pour sa passion pour la Parole de Dieu, son enseignement profond, et sa capacité à guider les fidèles vers une relation plus authentique avec Christ.

La mission de Jean Enock Bruny est de mener les croyants à une adoration qui dépasse les simples rituels pour devenir une connexion vivante et personnelle avec Dieu. Il cherche à rappeler à tous que l'adoration véritable implique de refléter l'image de Christ dans chaque aspect de la vie.

Pasteur depuis plusieurs années, il a consacré sa vie à enseigner, prêcher, et accompagner spirituellement sa communauté. Avec une approche théologique solide et un cœur de berger, il s'efforce de montrer comment la foi chrétienne peut transformer les vies et impacter positivement la société.

Dans ses enseignements et ses écrits, Jean Enock Bruny met un accent particulier sur le rôle central de l'adoration dans la vie chrétienne. Pour lui, adorer Dieu ne se limite pas à des chants ou à des moments spécifiques ; c'est un style de vie où chaque pensée, action, et parole glorifie le Créateur.

En tant qu'auteur, enseignant et leader spirituel, il écrit et prêche sur des thèmes variés tels que la transformation personnelle, la prière, l'obéissance à Dieu, et la vie chrétienne authentique. Son ministère s'étend également à l'accompagnement des jeunes et des familles pour qu'ils grandissent dans leur foi.

À travers ce livre, **Jean Enock Bruny** invite les lecteurs à redécouvrir la véritable essence de l'adoration et à s'engager dans une relation plus profonde et plus significative avec Dieu. En tant que pasteur dévoué, il espère inspirer des générations à offrir leur vie entière comme un "sacrifice vivant, saint et agréable à Dieu" (Romains 12:1).

Jean Enock Bruny, un homme de foi, de conviction, et de service, dédie son ministère à la gloire de Dieu et à l'édification de Son peuple.

Amendo Alexis

Professeur

Auteur

Pasteur

Juriste, Avoca

Introduction

L'adoration est bien plus qu'un acte religieux, une chanson chantée ou un moment passé dans un lieu sacré. Elle est une réponse de tout notre être à la révélation de qui Dieu est. C'est un appel divin à entrer dans une relation intime avec Lui, un dialogue entre le Créateur et Sa création. Pourtant, dans un monde où le bruit et les distractions se multiplient, où les pratiques religieuses deviennent parfois des routines vides, il est essentiel de redécouvrir l'adoration que Dieu demande vraiment.

Dieu ne cherche pas des performances parfaites ni des rituels impressionnants. Il ne se laisse pas séduire par les apparences ou les paroles bien préparées. Ce qu'Il désire, c'est un cœur sincère, un esprit soumis et une vie alignée sur Sa volonté. Jésus a déclaré à la femme samaritaine près du puits :

"Mais l'heure vient, et elle est déjà venue, où les vrais adorateurs adoreront le Père en esprit et en vérité ; car ce sont là les adorateurs que le Père demande." (Jean 4:23).

Cette déclaration nous interpelle encore aujourd'hui : Suis-je un vrai adorateur ? Est-ce que mon adoration plaît réellement à Dieu ?

Ce livre est une invitation à explorer ce que signifie véritablement adorer Dieu. À travers les pages qui suivent, nous plongerons dans les Écritures pour comprendre ce que Dieu attend de nous, comment Il veut être adoré et pourquoi l'adoration transforme non seulement notre relation avec Lui, mais aussi notre vie entière. Nous examinerons les modèles d'adoration bibliques, les pièges de l'idolâtrie moderne, et les moyens pratiques de vivre une adoration authentique, non seulement dans les moments de culte, mais dans chaque aspect de notre quotidien.

L'adoration n'est pas une obligation, c'est une réponse d'amour à un Dieu qui nous a aimés le premier. Il nous appelle à Le connaître, à nous approcher de Lui, et à nous perdre dans Sa présence. Mon souhait pour vous, lecteur, est que ce voyage vous conduise à une rencontre profonde et personnelle avec le cœur de Dieu, une rencontre qui transformera votre adoration en une offrande vivante et agréable à Ses yeux.

Alors, que ce livre soit un guide, une réflexion, et surtout une prière :

"Seigneur, enseigne-moi à T'adorer comme Tu le demandes."

Définir l'Adoration : Une Compréhension Biblique de l'Adoration

L'adoration, dans sa définition la plus pure, est l'acte d'honorer, de vénérer et d'exalter Dieu pour qui Il est. Elle exprime une profonde reconnaissance, une soumission totale, et une communion intime avec le Créateur. Contrairement à une simple action ou pratique, l'adoration biblique est avant tout une attitude du cœur qui reflète notre amour, notre respect et notre foi envers Dieu.

1. L'adoration comme une réponse à Dieu

L'adoration commence avec la révélation de Dieu. Elle est une réponse à ce que Dieu a fait et, plus encore, à ce qu'Il est. Le psaume 29 :2 déclare :
"Rendez à l'Éternel gloire pour son nom ! Prosternez-vous devant l'Éternel avec des ornements sacrés."
Ce passage souligne que l'adoration naît de la reconnaissance de la gloire, de la puissance et de la sainteté de Dieu.

Dans l'Ancien Testament, les croyants étaient souvent conduits à adorer Dieu lorsqu'Il révélait Sa puissance (comme lors de l'ouverture de la mer Rouge) ou lorsqu'Il manifestait Sa fidélité à travers des alliances. Dans le Nouveau Testament, l'adoration culmine dans la personne de Jésus-Christ, qui révèle pleinement le cœur de Dieu (Jean 1 :14).

2. L'adoration est une question de cœur, pas seulement de forme

Jésus a critiqué ceux qui rendaient un culte à Dieu avec leurs lèvres tout en ayant un cœur éloigné de Lui :
"Ce peuple m'honore des lèvres, mais leur cœur est éloigné de moi." (Matthieu 15 :8).
L'adoration biblique exige un cœur sincère, pur et tourné vers Dieu. Elle ne se limite pas à des rituels ou à des cérémonies. Elle est une expression authentique de notre amour pour Dieu.

3. L'adoration "en esprit et en vérité" (Jean 4 :23-24)

Jésus a enseigné à la femme samaritaine que la véritable adoration transcende les lieux physiques (temples ou montagnes). L'adoration "en esprit" fait référence à une adoration guidée par le Saint-Esprit, qui habite dans les croyants. L'adoration "en vérité" signifie qu'elle est fondée sur la Parole de Dieu, conforme à Sa volonté, et authentique.

4. L'adoration comme un mode de vie

Dans Romains 12:1, Paul exhorte les croyants à offrir leurs corps comme un sacrifice vivant, saint et agréable à Dieu. Cela signifie que l'adoration ne se limite pas à des moments spécifiques ou à des actions isolées, mais qu'elle doit imprégner chaque aspect de notre vie :

- Nos paroles (Colossiens 3:16 : chanter des cantiques spirituels).
- Nos actions (Colossiens 3:17 : faire tout au nom du Seigneur).

- Nos pensées (Philippiens 4:8 : penser à ce qui est pur, juste et digne de louange).

5. Les expressions bibliques de l'adoration

La Bible présente différentes formes d'adoration :

- L'adoration individuelle : moments personnels de prière, de louange et de méditation (Psaumes 63:1).
- L'adoration collective : rassemblements des croyants pour célébrer Dieu ensemble (Hébreux 10:25).
- L'adoration par l'obéissance : écouter et obéir à la volonté de Dieu est une forme d'adoration supérieure (1 Samuel 15 :22).

6. L'adoration et le sacrifice

Dans la Bible, l'adoration est souvent liée au sacrifice : Abraham offrant Isaac (Genèse 22), les sacrifices du temple, et, ultimement, Jésus offrant Sa vie à la croix.

Cela nous enseigne que l'adoration authentique implique parfois un coût : abandonner nos propres désirs, renoncer à l'orgueil, et placer Dieu au-dessus de tout.

Résumé

L'adoration biblique est donc un acte de réponse, un engagement du cœur, et une manière de vivre qui reflète la grandeur et la sainteté de Dieu. Elle transcende les formes visibles pour devenir une connexion spirituelle entre l'homme et son Créateur. C'est une invitation divine à expérimenter la présence et la gloire de Dieu, non seulement dans des moments spécifiques, mais dans chaque jour de notre vie.

Pourquoi ce sujet est crucial pour les croyants aujourd'hui

Dans un monde marqué par les distractions, les priorités conflictuelles et la sécularisation croissante, l'adoration authentique que Dieu demande est souvent négligée ou mal comprise. Ce sujet est particulièrement crucial pour les croyants aujourd'hui pour plusieurs raisons :

1. La redéfinition de l'adoration dans la culture moderne

La société actuelle tend à réduire l'adoration à une simple expérience émotionnelle ou à un rituel dominical. Beaucoup assimilent l'adoration à des chants, des spectacles ou des moments de bien-être spirituel. Cependant, la véritable adoration va bien au-delà de ces éléments ; elle concerne une vie transformée par la relation avec Dieu. Comprendre ce que Dieu demande en matière d'adoration aide les croyants à revenir à une perspective biblique, éloignée des influences culturelles superficielles.

2. Le risque de l'idolâtrie moderne

Bien que nous ne fabriquions plus de statues physiques comme dans l'Antiquité, l'idolâtrie demeure un danger constant. Aujourd'hui, des choses telles que la réussite, les possessions matérielles, les carrières, les relations ou même la technologie peuvent prendre la place de Dieu dans nos cœurs. Le psaume 96 :5 rappelle :
"Tous les dieux des peuples sont des idoles, mais l'Éternel a fait les cieux."
Étudier l'adoration que Dieu demande est une manière de confronter ces idoles modernes et de recentrer nos vies sur l'unique objet digne de notre adoration : Dieu Lui-même.

3. L'importance de la relation personnelle avec Dieu

L'adoration authentique n'est pas une simple routine religieuse ; elle reflète une communion vivante avec Dieu. Dans un monde où la spiritualité peut devenir mécanique ou impersonnelle, ce sujet rappelle aux croyants que Dieu désire une relation intime et réelle avec eux. Jésus a dit :

"Ce sont là les adorateurs que le Père demande." (Jean 4:23).

Cela nous montre que Dieu cherche plus que des pratiques extérieures ; Il désire notre cœur.

4. Une arme spirituelle dans des temps de crise

Le monde contemporain est rempli de défis : guerres, pandémies, instabilité économique, troubles sociaux. Dans de tels moments, l'adoration devient une arme puissante. Lorsque nous choisissons d'exalter Dieu au milieu des difficultés, nous déclarons Sa souveraineté sur les circonstances. 2 Chroniques 20:22 illustre cela :

"Au moment où l'on commençait les chants et les louanges, l'Éternel plaça une embuscade contre les ennemis."

Une compréhension claire de l'adoration permet aux croyants d'affronter les tempêtes de la vie avec foi et victoire.

5. Le besoin de distinguer l'essentiel du secondaire

Dans beaucoup d'Églises aujourd'hui, les débats sur les styles musicaux, les traditions ou les préférences personnelles prennent parfois plus de place que la recherche de la volonté de Dieu. Ce sujet est crucial pour rappeler que l'adoration authentique n'est pas liée à une forme ou un style particulier, mais à une attitude du cœur qui honore Dieu en esprit et en vérité (Jean 4:24).

6. La préparation pour l'éternité

L'adoration est le but ultime de l'homme, non seulement sur cette terre, mais pour l'éternité. Dans le livre de l'Apocalypse, nous voyons les cieux remplis d'adoration envers Dieu (Apocalypse 4:11). Comprendre et vivre l'adoration authentique dès aujourd'hui est une préparation pour ce que nous ferons éternellement : célébrer la gloire de Dieu.

7. Une réponse à la confusion spirituelle

Le relativisme et les influences religieuses diverses créent souvent une confusion quant à ce que Dieu attend véritablement. Beaucoup mélangent des pratiques qui ne reflètent pas les enseignements bibliques. Ce sujet aide à ramener les croyants à une compréhension claire et scripturale de l'adoration, ancrée dans la vérité de la Parole de Dieu.

8. L'impact de l'adoration sur le monde

Une Église qui adore véritablement devient un témoignage puissant dans un monde qui cherche désespérément un sens et une direction. Lorsque les croyants vivent une vie d'adoration authentique, cela attire les autres vers Dieu, car ils voient en eux un reflet de Sa gloire. Jésus a dit :
"Que votre lumière luise ainsi devant les hommes, afin qu'ils voient vos bonnes œuvres et glorifient votre Père qui est dans les cieux." (Matthieu 5:16).

Conclusion

Dans un monde qui offre tant de distractions et de faux dieux, redécouvrir l'adoration que Dieu demande est un impératif pour chaque croyant. Non seulement cela restaure notre relation avec Lui, mais cela aligne aussi nos vies sur Sa volonté et nous équipe pour refléter Sa gloire dans un monde en quête de vérité.

L'objectif du livre : Aligner l'adoration sur ce que Dieu désire réellement

L'objectif principal de ce livre est d'amener les lecteurs à comprendre et à vivre l'adoration que Dieu attend de Ses enfants. Il ne s'agit pas d'une simple réflexion théologique ou d'une exploration intellectuelle, mais d'un guide pratique et spirituel pour transformer la manière dont nous adorons. Ce livre cherche à replacer Dieu au centre de notre adoration et à aligner nos vies sur Sa volonté, en mettant l'accent sur les éléments essentiels que Dieu demande.

1. Une compréhension claire de l'adoration biblique

À travers ce livre, les lecteurs découvriront ce que la Bible enseigne véritablement sur l'adoration. Ils seront encouragés à délaisser les malentendus, les traditions humaines ou les conceptions culturelles qui pourraient limiter ou déformer leur adoration. En plongeant dans les Écritures, ils comprendront les fondements de l'adoration : une réponse en esprit et en vérité à la révélation de Dieu (Jean 4:24).

2. Aider les lecteurs à évaluer leur propre adoration

Ce livre invite chaque lecteur à un examen personnel :

- Est-ce que mon adoration reflète ce que Dieu désire réellement ?

- Suis-je guidé par l'Esprit ou influencé par des traditions ou mes propres préférences ?
- Mon adoration est-elle centrée sur Dieu ou sur mes propres attentes ?

L'objectif est de permettre à chacun de confronter sa pratique actuelle à la lumière des Écritures et de redresser ce qui doit l'être.

3. Une invitation à recentrer l'adoration sur Dieu

Dans un monde souvent centré sur l'individu, ce livre recentre l'attention sur Dieu comme l'unique objet de notre adoration. Il encourage les lecteurs à cultiver une relation personnelle et intime avec Lui, en reconnaissant que l'adoration ne concerne pas ce que nous recevons, mais ce que nous offrons : notre cœur, notre esprit, et notre vie entière.

4. Une exploration des expressions pratiques de l'adoration

Pour aligner leur adoration sur ce que Dieu désire, les lecteurs recevront des outils pratiques :

- Comment adorer dans le quotidien, et pas seulement dans des contextes formels.
- Comment exprimer leur adoration à travers l'obéissance, la prière, le service, et le témoignage.

- Comment utiliser la musique, la louange, et les rassemblements communautaires pour honorer Dieu de manière authentique.

5. Transformer la vie spirituelle des lecteurs

L'objectif final est une transformation durable. Ce livre ne se limite pas à enseigner ; il cherche à équiper les lecteurs pour vivre une vie d'adoration véritable. En alignant leur adoration sur ce que Dieu désire, ils expérimenteront :

- Une relation plus profonde avec Dieu.
- Une foi plus vivante et authentique.
- Une capacité accrue à refléter la gloire de Dieu dans leur entourage.

Conclusion : Une vie d'adoration pour glorifier Dieu

Ce livre est une invitation à entrer dans une adoration authentique, celle qui honore véritablement Dieu. En explorant ce que Dieu attend et en s'efforçant de s'aligner sur Sa volonté, les lecteurs découvriront non seulement une nouvelle manière de vivre leur foi, mais aussi un moyen puissant de glorifier le Créateur et de trouver leur véritable accomplissement en Lui.

Chapitre 1

La Nature de Dieu et l'Adoration

La Nature de Dieu et l'Adoration

Pour comprendre l'adoration que Dieu demande, il est essentiel de commencer par une vérité fondamentale : l'adoration découle de la nature même de Dieu. Nous ne pouvons adorer authentiquement si nous ne connaissons pas Celui que nous adorons. La grandeur, la sainteté, et les attributs uniques de Dieu forment le fondement de notre adoration. Voici comment Sa nature influence notre manière de L'adorer.

1. La Sainteté de Dieu : La source de la révérence

Dieu est saint, totalement séparé du péché et infiniment pur. Sa sainteté est l'un de Ses attributs les plus exaltés, comme le proclament les anges dans Ésaïe 6:3 :
"Saint, saint, saint est l'Éternel des armées ! Toute la terre est pleine de sa gloire !"
Parce que Dieu est saint, l'adoration doit être empreinte de respect et de crainte. Nous venons devant Lui avec humilité, reconnaissant notre faiblesse face à Sa perfection. La sainteté de Dieu nous pousse à aligner notre vie sur Sa volonté et à Le glorifier par une adoration sincère et pure.

2. L'Amour de Dieu : La source de notre réponse

Dieu est amour (1 Jean 4:8), et cet amour se manifeste dans Sa création, Son pardon, et Sa relation avec nous.

Il a envoyé Son Fils Jésus pour nous réconcilier avec Lui, un acte suprême qui appelle une réponse d'adoration :
"Nous L'aimons, parce qu'Il nous a aimés le premier." (1 Jean 4:19).
L'adoration authentique jaillit de notre reconnaissance de l'amour inconditionnel de Dieu. Nous L'adorons non seulement pour ce qu'Il fait, mais pour qui Il est : un Père aimant et compatissant.

3. La Souveraineté de Dieu : L'adoration comme soumission

Dieu est souverain : Il règne au-dessus de toute chose, et rien n'échappe à Son contrôle. Cela est affirmé dans Psaume 103 :19 :
"L'Éternel a établi son trône dans les cieux, et son règne domine sur toutes choses."
Reconnaître la souveraineté de Dieu signifie Lui soumettre nos vies. L'adoration devient alors un acte d'obéissance, où nous abandonnons nos volontés pour embrasser la Sienne. Adorer Dieu, c'est reconnaître qu'Il est le Roi suprême et Lui donner la première place dans tous les aspects de notre vie.

4. La Puissance de Dieu : La source de notre admiration

Dieu est tout-puissant (Apocalypse 19 :6). La création elle-même témoigne de Sa puissance infinie, comme le dit Psaume 19 :1 :

"Les cieux racontent la gloire de Dieu, et l'étendue manifeste l'œuvre de ses mains."

Quand nous contemplons la grandeur de l'univers, les miracles dans nos vies, et la puissance de Dieu dans l'histoire, notre cœur est rempli d'admiration. Cette reconnaissance inspire une adoration qui célèbre Sa force et Sa capacité à agir au-delà de nos attentes.

5. La Justice de Dieu : L'adoration et la reconnaissance de Son autorité morale

Dieu est juste ; Il agit toujours selon ce qui est droit et parfait. Sa justice garantit que toute chose sera jugée équitablement selon Sa vérité. Cela suscite une adoration respectueuse, comme l'exprime Psaume 7:17 :

"Je louerai l'Éternel à cause de Sa justice ; je chanterai le nom de l'Éternel, le Très-Haut."

Reconnaître la justice de Dieu nous pousse à L'adorer non seulement pour Sa miséricorde, mais aussi pour Son autorité morale absolue.

6. La Fidélité de Dieu : L'adoration comme réponse à Sa constance

Dieu est fidèle. Ses promesses sont toujours accomplies, et Son amour pour nous est inébranlable. Dans Lamentations 3:22-23, il est écrit :

"Les bontés de l'Éternel ne sont pas épuisées, Ses compassions ne sont pas à leur terme ; elles se

renouvellent chaque matin. Oh ! que ta fidélité est grande !"

La fidélité de Dieu inspire une adoration constante, car nous savons que nous pouvons Lui faire confiance dans toutes les circonstances.

7. La Grâce de Dieu : Une adoration remplie de gratitude

Dieu est un Dieu de grâce, offrant le salut et des bénédictions que nous ne méritons pas. Éphésiens 2:8-9 rappelle que c'est par grâce que nous sommes sauvés. Cette grâce incomparable remplit nos cœurs de gratitude et motive une adoration profonde, non basée sur nos mérites, mais sur Sa bonté infinie.

8. L'Immortalité et l'Immuabilité de Dieu : Une adoration éternelle

Dieu est immuable (Il ne change pas) et éternel (Il existe pour toujours). Hébreux 13 :8 déclare :
"Jésus-Christ est le même hier, aujourd'hui et éternellement."
Sa constance et Son existence éternelle garantissent que notre adoration ne prendra jamais fin. Nous L'adorons parce qu'Il est un refuge sûr et un fondement inébranlable.

Conclusion : La Nature de Dieu comme Fondement de l'Adoration

La nature de Dieu détermine comment et pourquoi nous L'adorons. Sa sainteté appelle à la révérence, Son amour inspire notre dévotion, et Sa souveraineté exige notre soumission. À mesure que nous apprenons à connaître Dieu plus profondément, notre adoration devient plus authentique, plus sincère, et mieux alignée sur ce qu'Il désire. Adorer Dieu, c'est répondre à la révélation de Qui Il est, avec tout notre cœur, notre âme, et notre esprit.

Qui est Dieu selon les Écritures ?

La Bible révèle Dieu comme un Être parfait, infini, et suprême dans toutes Ses caractéristiques. À travers Ses attributs, nous apprenons non seulement qui Il est, mais aussi comment Il interagit avec l'humanité et pourquoi Il mérite notre adoration. Voici un portrait de Dieu selon les Écritures, basé sur quatre de Ses attributs fondamentaux : **Sa sainteté, Son amour, Sa justice, et Sa souveraineté.**

1. La Sainteté de Dieu : L'Infinie Pureté et Perfection

La sainteté est l'attribut central de Dieu, qui englobe tout ce qu'Il est. Être saint signifie que Dieu est séparé de tout péché, entièrement pur et parfait. Sa sainteté est si éclatante qu'elle inspire une crainte révérencieuse.

- **Versets clés :**
  "Il n'y a personne saint comme l'Éternel." (1 Samuel 2 :2)
  "Saint, saint, saint est l'Éternel des armées ! Toute la terre est pleine de sa gloire!" (Ésaïe 6:3)

La sainteté de Dieu établit un standard parfait, devant lequel toute humanité se tient dans un besoin constant de purification. Elle exige une adoration empreinte de respect et d'humilité, car nous réalisons que nous nous tenons devant un Dieu infiniment pur et parfait.

2. L'Amour de Dieu : L'Amour Inconditionnel et Sacrificiel

L'amour est un autre attribut central de Dieu, et tout ce qu'Il fait découlé de cet amour. La Bible déclare que Dieu est l'essence même de l'amour :

- **Versets clés :**
  "Dieu est amour." (1 Jean 4 :8)
  "Car Dieu a tant aimé le monde qu'Il a donné Son Fils unique, afin que quiconque croit en Lui ne périsse point, mais qu'il ait la vie éternelle." (Jean 3:16)

L'amour de Dieu se manifeste dans Sa création, dans Sa patience envers l'humanité, et surtout dans l'œuvre de rédemption accomplie par Jésus-Christ. Cet amour inconditionnel appelle une réponse d'adoration, de reconnaissance et de dévotion. Nous L'adorons non seulement parce qu'Il nous aime, mais parce qu'Il nous a aimés en premier (1 Jean 4:19).

3. La Justice de Dieu : La Droiture Parfaite et l'Autorité Morale

Dieu est juste, ce qui signifie qu'Il agit toujours selon ce qui est droit et qu'Il rend à chacun selon ses œuvres. Sa justice garantit que tout mal sera jugé et que toute droiture sera récompensée.

- **Versets clés :**
  "Car l'Éternel est juste, il aime la justice ; les hommes droits contempleront sa face." (Psaume

11 :7)
"Il est la pierre angulaire de la justice et du droit." (Deutéronome 32:4)

La justice de Dieu est une source de sécurité pour ceux qui Lui obéisse, car elle montre qu'Il est fidèle et qu'Il gouverne l'univers avec équité. Cependant, elle rappelle également la gravité du péché, car un Dieu juste ne peut tolérer l'injustice ou le mal. L'adoration devient alors une reconnaissance de Son autorité morale et de notre dépendance à Sa grâce pour être réconciliés avec Lui.

4. La Souveraineté de Dieu : Le Contrôle Absolu sur Toute Chose

Dieu est souverain, ce qui signifie qu'Il règne en maître absolu sur tout l'univers. Rien n'échappe à Son contrôle, et tout ce qui existe se trouve sous Sa domination.

- **Versets clés :**
  "L'Éternel a établi Son trône dans les cieux, et Son règne domine sur tout." (Psaume 103 :19)
  "Je suis Dieu, et il n'y a point d'autre ; je suis Dieu, et nul n'est semblable à moi." (Ésaïe 46:9-10)

La souveraineté de Dieu nous assure que Sa volonté parfaite s'accomplit toujours, même lorsque les circonstances semblent contraires. Cela nous pousse à nous abandonner à Lui dans la confiance et l'obéissance. L'adoration devient alors une manière de reconnaître Sa grandeur et de Le placer sur le trône de nos vies.

Conclusion : Qui est Dieu pour nous ?

Dieu, tel que révélé dans les Écritures, est saint, aimant, juste, et souverain. Ces attributs ne sont pas séparés ; ils fonctionnent en parfaite harmonie. Par exemple :

- **Sa sainteté** garantit qu'Il est pur et parfait.
- **Son amour** fait qu'Il désire nous sauver malgré notre péché.
- **Sa justice** exige que le péché soit puni, mais Son amour a pourvu au salut par Jésus-Christ.
- **Sa souveraineté** nous assure que rien ne peut empêcher Son plan pour notre rédemption.

Comprendre qui est Dieu selon les Écritures nous aide à mieux L'adorer. Il est digne de notre révérence pour Sa sainteté, de notre gratitude pour Son amour, de notre respect pour Sa justice, et de notre confiance pour Sa souveraineté. L'adoration devient alors une réponse naturelle et joyeuse à la révélation de Sa nature infiniment parfaite.

Pourquoi seul Dieu mérite notre adoration

Adorer signifie reconnaître la valeur suprême d'un être ou d'une chose et lui offrir un respect, une dévotion et une révérence sans égal. Selon les Écritures, seul Dieu mérite notre adoration, car Lui seul possède des attributs divins qui surpassent toute autre chose ou être. Voici pourquoi Dieu seul est digne de notre adoration :

1. Parce que Dieu est le Créateur de toutes choses

Dieu est le Créateur de l'univers, le seul qui a tout fait exister par Sa Parole. Tout ce que nous voyons, touchons, et expérimentons vient de Lui. Rien d'autre dans la création ne possède ce pouvoir absolu. Le Psaume 95:6 nous invite à L'adorer pour cela :
"Venez, prosternons-nous et humilions-nous, fléchissons le genou devant l'Éternel, notre Créateur."

En tant que Créateur, Il est la source de toute vie, et c'est donc à Lui que revient toute gloire et adoration.

2. Parce que Dieu est Saint et Parfait

La sainteté de Dieu Le distingue de toute autre chose dans l'univers. Il est totalement pur, sans péché, et parfait dans tout ce qu'Il est et fait. Aucune autre créature ou entité ne peut prétendre à une telle perfection. Cette sainteté fait de Lui le seul Être véritablement digne d'être adoré. Comme le proclament

les anges en Ésaïe 6 :3 :
"Saint, saint, saint est l'Éternel des armées ! Toute la terre est pleine de sa gloire !"

3. Parce que Dieu est Amour et Souverain

Dieu est amour (1 Jean 4 :8) et agit toujours dans le meilleur intérêt de Sa création. Il a prouvé cet amour en offrant Son Fils unique, Jésus-Christ, pour sauver l'humanité. Cet acte sacrificiel d'amour incomparable fait de Lui le seul digne de recevoir notre adoration :
"Car Dieu a tant aimé le monde qu'il a donné son Fils unique, afin que quiconque croit en Lui ne périsse point, mais qu'il ait la vie éternelle." (Jean 3:16).

En même temps, Dieu est souverain, régnant sur tout l'univers. Aucun autre pouvoir, être ou chose ne peut rivaliser avec Son autorité suprême (Psaume 103:19). L'adoration reconnaît Sa souveraineté et Sa capacité à accomplir toutes choses selon Sa volonté.

4. Parce que Dieu est Éternel et Immuable

Dieu est éternel : Il n'a ni commencement ni fin (Psaume 90:2). Tout le reste dans la création est limité dans le temps, mais Lui subsiste pour toujours. Il est également immuable, c'est-à-dire qu'Il ne change jamais :
"Car je suis l'Éternel, je ne change pas." (Malachie 3:6).

Cette stabilité et cette permanence font de Dieu un refuge et une fondation inébranlable, ce qui Le rend digne d'une adoration constante et éternelle.

5. Parce que Dieu est Juste et Fidèle

Dieu est parfaitement juste. Il rend à chacun selon ses œuvres et juge avec équité (Psaume 7:9). Il est également fidèle : Il tient toujours Ses promesses et n'abandonne jamais ceux qui se confient en Lui (Lamentations 3:22-23).
Aucun autre être ou chose dans la création ne peut offrir une telle justice parfaite et une fidélité sans faille, ce qui fait de Dieu l'unique objet de notre adoration.

6. Parce que toute autre adoration mène à l'idolâtrie

Adorer autre chose que Dieu revient à placer une création au-dessus du Créateur. C'est une forme d'idolâtrie que Dieu condamne sévèrement :
"Tu n'auras pas d'autres dieux devant ma face. Tu ne te feras pas d'image taillée... Tu ne te prosterneras pas devant elles, et tu ne les serviras point ; car moi, l'Éternel, ton Dieu, je suis un Dieu jaloux." (Exode 20 :3-5).

L'idolâtrie, qu'elle prenne la forme de statues, de possessions matérielles, ou de priorités personnelles, détourne le cœur humain de sa véritable source de vie et de salut : Dieu seul.

7. Parce que Dieu seul peut satisfaire nos cœurs

Dieu nous a créés pour L'adorer. Dans cette adoration, nous trouvons notre véritable épanouissement et satisfaction. Rien d'autre dans ce monde, ni richesse, ni pouvoir, ni plaisir, ne peut combler le vide dans nos cœurs. Seul Dieu peut nous satisfaire pleinement, comme le déclare le Psaume 16 :11 :
"Tu me feras connaître le sentier de la vie ; il y a d'abondantes joies devant ta face, des délices éternelles à ta droite."

8. Parce que toute la création L'adore déjà

La Bible révèle que toute la création proclame la gloire de Dieu. Les cieux, les étoiles, les montagnes, les océans – tout ce qui existe témoigne de Sa grandeur et L'adore implicitement (Psaume 19 :1). Si toute la création célèbre la gloire de Dieu, combien plus devons-nous, Ses créatures faites à Son image, Lui offrir une adoration volontaire et consciente.

Conclusion : Dieu seul est digne de notre adoration

Dieu mérite notre adoration parce qu'Il est unique, saint, parfait, et infiniment supérieur à tout ce qui existe. Ses œuvres, Sa nature, et Son amour envers nous surpassent tout ce que la création peut offrir. L'adoration d'autre chose que Dieu détourne notre cœur de ce pour quoi nous avons été créés, tandis que L'adorer remplit notre vie de paix, de joie, et de sens.

"Car tu es grand, et tu fais des merveilles ; toi seul, tu es Dieu." (Psaume 86 :10)

Exemples Bibliques d'Adoration Développés : Abraham, Moïse, David

L'adoration de Dieu, telle que vécue par Abraham, Moïse, et David, représente des modèles variés mais profondément riches de dévotion authentique. Leurs vies offrent une compréhension détaillée de ce que signifie adorer Dieu : une obéissance radicale, une quête intime de Sa présence, et une louange joyeuse et sincère. En approfondissant ces exemples, nous pouvons discerner des dimensions essentielles de l'adoration que Dieu demande.

1. Abraham : L'Adoration à Travers le Sacrifice et l'Obéissance

Le Contexte de Genèse 22 : Le Mont Moriah

Dieu demande à Abraham d'offrir son fils Isaac, l'enfant de la promesse, en sacrifice. Ce fils est la matérialisation de tout ce qu'Abraham espérait, le garant de l'alliance divine. Pourtant, Abraham obéit sans question ni délai. Son adoration est à la fois une démonstration de foi et une soumission totale à la souveraineté de Dieu.

Les Éléments Clés de l'Adoration d'Abraham

- **Obéissance immédiate :** *"Abraham se leva de bon matin."* (Genèse 22:3).
  L'adoration d'Abraham est marquée par l'absence d'hésitation. Il ne remet pas en question la

demande de Dieu, bien qu'elle semble défier la logique humaine. Cela montre que l'adoration authentique exige une confiance aveugle en Dieu, même lorsque Ses plans ne sont pas compris.

- **Reconnaissance de la souveraineté de Dieu :** Abraham appelle le lieu "YHWH-Jiré," signifiant "l'Éternel pourvoira" (Genèse 22:14). Il croit fermement que Dieu est capable de pourvoir à tout besoin, même lorsqu'Il semble demander ce qui est impossible. L'adoration d'Abraham proclame que Dieu est au-dessus de tout.

- **Adoration silencieuse mais éloquente :** L'adoration d'Abraham est marquée par l'action plutôt que par les paroles. Il montre que l'adoration authentique est souvent démontrée par nos choix et nos sacrifices.

L'Impact Spirituel

- **Une transformation personnelle :** Ce moment marque un tournant dans la relation d'Abraham avec Dieu. Il n'est plus seulement celui qui reçoit des promesses, mais celui qui entre dans une alliance confirmée par son obéissance (Genèse 22:16-18).

- **Une leçon pour les générations :** L'histoire d'Abraham enseigne que l'adoration véritable implique souvent un renoncement à ce que nous chérissons le plus, pour affirmer que Dieu est tout-puissant et digne de tout.

2. Moïse : L'Adoration dans l'Intimité avec Dieu

Le Contexte de l'Exode : Le Buisson Ardent et le Mont Sinaï

Moïse, choisi pour libérer Israël de l'esclavage, rencontre Dieu à travers des moments extraordinaires : le buisson ardent (Exode 3) et la révélation de Sa gloire sur le mont Sinaï (Exode 33-34). Ces expériences façonnent une adoration marquée par la quête constante de la présence de Dieu.

Les Éléments Clés de l'Adoration de Moïse

- **Révérence profonde :** Au buisson ardent, Moïse ôte ses sandales, reconnaissant la sainteté de Dieu (Exode 3:5). Cet acte symbolique montre que l'adoration commence par un respect profond pour le caractère saint et transcendant de Dieu.

- **Dialogue avec Dieu :** Moïse ne se contente pas de recevoir des ordres ; il parle avec Dieu "face à face" (Exode 33:11). Cette intimité montre que l'adoration inclut une relation vivante, où l'on dialogue avec le Créateur et où l'on partage ses doutes, ses craintes, et ses joies.

- **Quête de Sa gloire :** Moïse demande à voir la gloire de Dieu, une requête audacieuse mais révélatrice de son désir profond de connaître Dieu plus intimement (Exode 33:18). Cette quête reflète une adoration qui va au-delà des simples bénédictions : elle vise la personne même de Dieu.

L'Impact Spirituel

- **Une transformation visible :** Après avoir été en présence de Dieu, le visage de Moïse rayonne (Exode 34:29). Ce rayonnement physique est un symbole de la transformation intérieure qui découle de l'adoration véritable.

- **Un exemple pour Israël :** Moïse enseigne au peuple d'Israël que l'adoration ne peut se limiter à des sacrifices rituels. Elle exige une consécration totale à Dieu, guidée par une relation personnelle avec Lui.

3. David : L'Adoration dans la Louange, la Joie, et la Repentance

Le Contexte : L'Arche de l'Alliance et les Psaumes

David, roi d'Israël et poète, est un exemple éclatant d'adoration joyeuse et expressive. Son adoration est multiforme : elle inclut la danse devant l'arche (2 Samuel 6), les Psaumes de louange (Psaume 23), et les prières de repentir (Psaume 51).

Les Éléments Clés de l'Adoration de David

- **Louange sans retenue :** Lors du retour de l'arche, David danse avec une joie débordante, se dépouillant même de ses vêtements royaux (2 Samuel 6:14-15). Son adoration est une

expression libre de sa reconnaissance pour la présence de Dieu parmi Son peuple.
"Je veux célébrer l'Éternel avec tout mon cœur." (Psaume 9:1)

- **Prière de repentance :** Après son péché avec Bath-Schéba, David écrit le Psaume 51, un modèle de confession et de recherche du pardon divin. Il reconnaît que l'adoration véritable exige un cœur brisé devant Dieu :
"Les sacrifices agréables à Dieu, c'est un esprit brisé ; ô Dieu, tu ne dédaignes pas un cœur brisé et contrit." (Psaume 51:17)

- **Expression poétique :** Les Psaumes de David ne sont pas seulement des louanges, mais aussi des témoignages de sa relation avec Dieu, où il exprime sa confiance, sa gratitude, et ses luttes. Cela montre que l'adoration peut englober toutes les émotions humaines, tant qu'elles sont dirigées vers Dieu.

L'Impact Spirituel

- **Un cœur selon Dieu :** David est décrit comme "un homme selon le cœur de Dieu" (1 Samuel 13:14), parce que son adoration est centrée sur Dieu, même au milieu de ses échecs.

- **Un héritage éternel :** Les Psaumes qu'il a écrits continuent d'inspirer des générations, montrant que l'adoration authentique laisse un impact durable.

Conclusion : Les Dimensions Profondes de l'Adoration

Les exemples d'Abraham, de Moïse, et de David montrent que l'adoration authentique est multidimensionnelle : elle exige une foi inébranlable (Abraham), une quête intime de la présence de Dieu (Moïse), et une louange joyeuse et sincère (David). Chacun de ces hommes nous enseigne que l'adoration va bien au-delà des mots ou des rituels : elle est un acte de cœur, une réponse au caractère de Dieu, et une transformation qui affecte toute notre vie.

Application pour Aujourd'hui : Ces exemples nous invitent à réfléchir à notre propre adoration. Sommes-nous prêts à tout sacrifier comme Abraham ? Recherchons-nous la présence de Dieu comme Moïse ? Exprimons-nous notre louange avec la joie et la sincérité de David ? En suivant ces modèles, nous pouvons aligner notre adoration sur ce que Dieu désire véritablement.

Chapitre 2
L'Adoration en Esprit et en Vérité

L'Adoration en Esprit et en Vérité

Jésus a défini l'adoration authentique lorsqu'il a dit à la femme samaritaine :
"Mais l'heure vient, et elle est déjà venue, où les vrais adorateurs adoreront le Père en esprit et en vérité ; car ce sont là les adorateurs que le Père demande." (Jean 4 :23-24)

Cette déclaration révolutionne la compréhension de l'adoration. Elle ne se limite pas à un lieu, un rituel ou une tradition, mais elle repose sur deux piliers essentiels : **l'Esprit** et **la Vérité**. Explorons ces concepts pour comprendre comment adorer Dieu de la manière qu'Il désire.

1. L'Adoration en Esprit : Une Connexion Profonde avec Dieu

Qu'est-ce que cela signifie ?

Adorer en esprit signifie que l'adoration n'est pas simplement une pratique extérieure ou un rituel physique, mais une activité qui engage l'être intérieur, guidé par le Saint-Esprit. Cela inclut notre cœur, notre âme, et notre esprit, qui s'unissent pour entrer en communion avec Dieu.

Les Éléments Clés de l'Adoration en Esprit

- **Une adoration vivifiée par le Saint-Esprit :** Le Saint-Esprit joue un rôle central dans

l'adoration. Il nous aide à prier, à louer, et à glorifier Dieu de manière authentique.
"De même aussi l'Esprit nous aide dans notre faiblesse." (Romains 8:26)
Adorer en esprit signifie permettre au Saint-Esprit de diriger et d'animer notre adoration.

- **Une connexion personnelle et intérieure :**
  Adorer en esprit implique que l'adoration va au-delà des gestes extérieurs. Elle doit venir d'un cœur sincère et d'une relation vivante avec Dieu.

- **Liberté dans l'expression :**
  En esprit, nous sommes libérés des contraintes physiques ou culturelles pour adorer Dieu dans des formes variées : dans la prière silencieuse, le chant, la méditation ou même dans les soupirs inexprimables (Romains 8:26).

Pourquoi est-ce essentiel ?

- Cela nous rappelle que Dieu est Esprit (Jean 4:24), et que notre adoration doit transcender les éléments matériels ou terrestres.

- Cela place l'accent sur une relation vivante et dynamique avec Dieu, plutôt que sur des rites ou des traditions vides.

2. L'Adoration en Vérité : Fondée sur la Parole de Dieu

Qu'est-ce que cela signifie ?

Adorer en vérité signifie que l'adoration doit être conforme à la révélation de Dieu dans les Écritures. Cela inclut une compréhension claire de qui est Dieu, de Ses attributs, et de Ses attentes. Toute adoration qui n'est pas ancrée dans la vérité biblique risque de dévier vers l'idolâtrie ou les faux enseignements.

Les Éléments Clés de l'Adoration en Vérité

- **Fondée sur la connaissance de Dieu :**
  Pour adorer en vérité, il est nécessaire de connaître Dieu tel qu'Il se révèle dans la Bible. Sans cette connaissance, l'adoration peut devenir confuse ou erronée.
  "L'Éternel est grand et digne de recevoir toute louange ; Il est redoutable par-dessus tous les dieux." (Psaume 96:4)

- **Alignée avec la Parole de Dieu :**
  Toute forme d'adoration doit correspondre à ce que Dieu a prescrit dans les Écritures. L'adoration qui contredit ou ignore la vérité biblique ne peut plaire à Dieu.

- **Christ au centre :**
  Jésus est "la vérité" (Jean 14 :6), et Il est au cœur de l'adoration chrétienne. Une adoration en vérité reconnaît le sacrifice de Christ, Sa résurrection, et Son rôle central dans notre salut.

-

Pourquoi est-ce essentiel ?

- Cela nous protège contre l'idolâtrie et les fausses doctrines.
- Cela oriente notre adoration vers Dieu tel qu'Il est réellement, et non tel que nous l'imaginons ou souhaitons qu'Il soit.

3. L'Équilibre entre Esprit et Vérité

Les Deux sont Indissociables

L'adoration en esprit sans vérité peut devenir émotionnelle et vide de fondement biblique. À l'inverse, l'adoration en vérité sans esprit peut être froide, mécanique, et dépourvue de vie. Jésus nous appelle à équilibrer ces deux aspects pour une adoration authentique.

- **En Esprit :** Adorer Dieu avec passion, sincérité, et une connexion vivante.
- **En Vérité :** Adorer Dieu avec précision, alignement sur Sa Parole, et reconnaissance de Sa vraie nature.

Un Exemple Biblique : La Femme Samaritaine

La conversation de Jésus avec la femme samaritaine illustre cet équilibre. Les Samaritains adoraient sur le mont Garizim, suivant une version altérée de la foi juive. Les Juifs, bien qu'adorant dans le temple de Jérusalem, tombaient souvent dans des pratiques mécaniques et dépourvues de vie. Jésus enseigne que l'adoration ne dépend plus d'un lieu physique, mais d'une transformation intérieure et d'une compréhension correcte de Dieu.

4. Comment Adorer en Esprit et en Vérité Aujourd'hui ?

1. Cultiver une Relation Intime avec Dieu

- Chercher quotidiennement la présence de Dieu dans la prière et la méditation de Sa Parole.
- Laisser le Saint-Esprit diriger nos pensées et nos cœurs vers une adoration sincère.

2. Étudier et Appliquer la Parole de Dieu

- Connaître la vérité biblique pour éviter de dévier vers des pratiques contraires à la volonté de Dieu.
- Centrer notre adoration sur Christ, l'expression parfaite de la vérité divine.

3. Être Authentique dans Notre Adoration

- Adorer Dieu avec sincérité, sans chercher à impressionner ou à suivre des formalismes.
- S'exprimer librement, que ce soit par des chants, des prières ou des actes d'obéissance.

4. Vivre une Vie d'Adoration

- L'adoration ne se limite pas aux chants ou aux moments de culte ; elle inclut une vie entière dédiée à glorifier Dieu.

"Offrez vos corps comme un sacrifice vivant, saint et agréable à Dieu ; ce sera de votre part un culte raisonnable." (Romains 12:1)

Conclusion : Une Adoration Que le Père Cherche

Adorer en esprit et en vérité, c'est répondre à l'appel de Dieu pour une adoration authentique, fondée sur Sa Parole et vivifiée par le Saint-Esprit. C'est une adoration qui transcende les lieux, les formes, et les traditions, pour se concentrer sur une communion véritable avec Dieu. Jésus nous montre que ce type d'adoration n'est pas seulement désiré, mais recherché par le Père :
"Car ce sont là les adorateurs que le Père demande." (Jean 4 :23)

En vivant une adoration en esprit et en vérité, nous répondons non seulement à un besoin spirituel profond, mais aussi à l'appel divin de glorifier Dieu de tout notre être, dans une vérité éternelle et une passion sincère.

Analyse de Jean 4 :23-24

Le passage de **Jean 4:23-24** est l'une des déclarations les plus profondes de Jésus sur l'adoration. Prononcée lors de Son échange avec la femme samaritaine au puits, cette déclaration redéfinit la nature de l'adoration authentique, transcendante des lieux physiques ou des traditions culturelles. Explorons ce passage en détail.

Texte de Jean 4 :23-24

"Mais l'heure vient, et elle est déjà venue, où les vrais adorateurs adoreront le Père en esprit et en vérité ; car ce sont là les adorateurs que le Père demande. Dieu est Esprit, et il faut que ceux qui l'adorent, l'adorent en esprit et en vérité."

1. Contexte de Jean 4

Le Dialogue avec la Femme Samaritaine

Jésus engage une conversation avec une femme samaritaine au puits de Jacob, brisant plusieurs barrières culturelles :

- **La séparation entre Juifs et Samaritains :** Les Samaritains avaient leur propre lieu de culte sur le mont Garizim, rejeté par les Juifs, qui considéraient Jérusalem comme le seul lieu légitime d'adoration (Jean 4 :20).

- **La place des femmes :** Jésus s'adresse à une femme, un acte inhabituel pour un homme juif de l'époque, surtout à une femme au passé moral douteux (Jean 4 :16-18).

La discussion tourne autour du véritable lieu d'adoration, mais Jésus redirige la conversation vers une vérité plus profonde : l'adoration ne dépend pas d'un lieu, mais d'une transformation spirituelle.

2. "L'heure vient, et elle est déjà venue"

Qu'est-ce que cela signifie ?

- **"L'heure vient"** : Cette phrase pointe vers un moment clé dans l'histoire du salut, lié à la venue de Jésus-Christ. Elle fait allusion à Sa mort, Sa résurrection, et le don du Saint-Esprit, qui inaugureront une nouvelle ère de relation entre Dieu et les croyants.

- **"Et elle est déjà venue"** : Par la présence de Jésus, cette nouvelle ère est déjà commencée. Jésus introduit une transition entre l'ancien système d'adoration (centré sur des lieux et des rituels) et une adoration spirituelle accessible à tous.

Application :

Ce passage montre que Jésus est le point central de l'adoration. Par Lui, l'accès à Dieu devient universel, transcendant les divisions ethniques, géographiques, ou culturelles.

3. "Les vrais adorateurs adoreront le Père"

Les "vrais adorateurs"

- Jésus différencie les "vrais adorateurs" des autres types d'adorateurs. Cela implique qu'il existe des formes d'adoration qui ne plaisent pas à Dieu.
- Les vrais adorateurs ne se contentent pas d'apparences ou de traditions. Leur adoration est authentique, centrée sur Dieu, et non sur leurs propres préférences ou bénéfices.

"Adoreront le Père"

- Jésus introduit une dimension intime dans l'adoration en désignant Dieu comme "le Père". Cela montre que l'adoration véritable découle d'une relation personnelle avec Dieu, rendue possible par Jésus-Christ.

Application :

L'adoration authentique commence par une relation avec Dieu comme Père. Sans cette relation, l'adoration reste superficielle ou rituelle.

4. "En esprit et en vérité"

"En esprit"

- **Adoration spirituelle :** Cela signifie que l'adoration doit venir de l'intérieur, du cœur, et être animée par le Saint-Esprit. Elle n'est pas limitée par des lieux physiques ou des gestes extérieurs.

- **Relation directe avec Dieu :** Puisque Dieu est Esprit (Jean 4:24), notre adoration doit s'aligner sur Sa nature : immatérielle, éternelle, et infinie.

- **Détachement des rituels :** L'adoration en esprit transcende les sacrifices, les cérémonies ou les bâtiments ; elle repose sur une communion personnelle avec Dieu.

"En verité"

- **Conformité à la révélation biblique :** L'adoration authentique doit être alignée sur la vérité de Dieu telle qu'elle est révélée dans Sa Parole. Elle ne peut être basée sur des sentiments, des opinions personnelles, ou des traditions humaines (Matthieu 15:9).

- **Christ au centre :** Jésus est "la vérité" (Jean 14:6). Adorer en vérité signifie reconnaître que Christ est le médiateur et le centre de toute adoration.

Synthèse des deux aspects :

L'adoration en esprit et en vérité équilibre une relation vivante avec Dieu (l'esprit) et une compréhension correcte de qui Il est (la vérité). L'un sans l'autre rend l'adoration incomplète:

- Sans l'esprit, l'adoration devient froide, intellectuelle, et mécanique.
- Sans la vérité, elle devient émotionnelle, désordonnée, et potentiellement erronée.

5. "Car ce sont là les adorateurs que le Père demande"

Un Dieu en quête d'adorateurs

- Ce passage révèle que Dieu cherche activement des adorateurs authentiques. Cela montre l'importance que Dieu accorde à l'adoration et Son désir d'une relation intime avec l'humanité.
- L'adoration n'est pas une obligation religieuse, mais une réponse à l'amour et à la gloire de Dieu.

Application :

L'adoration est une invitation divine à entrer dans une communion profonde avec Lui. Dieu ne cherche pas des performances, mais des cœurs sincères et transformés.

6. "Dieu est Esprit"

La Nature de Dieu

- Dieu est immatériel, invisible, et omniprésent. Contrairement aux idoles ou aux conceptions humaines limitées, Dieu ne peut être contenu dans un lieu ou une forme.
- Cette vérité libère l'adoration des contraintes géographiques ou rituelles : peu importe où nous sommes, nous pouvons adorer Dieu si notre cœur est aligné avec Lui.

Implications pour l'adoration

- L'adoration ne doit pas se concentrer sur des éléments extérieurs (lieux, styles, objets), mais sur une connexion intérieure avec Dieu.
- Cela rend l'adoration accessible à tous, quel que soit le contexte ou la situation.

7. "Il faut que ceux qui l'adorent l'adorent en esprit et en vérité"

Une Nécessité Absolue

- Jésus utilise le mot "il faut", soulignant que l'adoration authentique n'est pas optionnelle. C'est la seule forme d'adoration acceptée par Dieu.

- Cela signifie que toute autre forme d'adoration, qu'elle soit basée sur des traditions humaines ou des motivations égoïstes, n'est pas agréable à Dieu.

Application :

Nous devons aligner notre adoration sur les critères divins : elle doit être spirituelle (venant de l'intérieur) et conforme à la vérité biblique.

Conclusion : Une Adoration Universelle et Personnelle

Jean 4:23-24 redéfinit l'adoration :

- **Universelle :** Elle n'est plus limitée à un lieu spécifique, mais accessible à tous par Jésus-Christ.
- **Personnelle :** Elle exige une relation intime avec Dieu, guidée par le Saint-Esprit et ancrée dans Sa vérité.

En vivant selon cette vérité, nous devenons les "vrais adorateurs" que le Père recherche, honorant Dieu de tout notre être et répondant à Son appel avec un cœur sincère et une foi vivante.

Qu'est-Ce Que L'adoration "En Esprit" ?

L'adoration "en esprit" est un aspect central de l'enseignement de Jésus sur l'adoration véritable (Jean 4:23-24). Elle transcende les formes extérieures et les rituels pour se concentrer sur une connexion intérieure, profonde et authentique avec Dieu. Cette forme d'adoration engage tout notre être intérieur – cœur, âme, et esprit – sous la direction du Saint-Esprit. Voici une exploration détaillée de ce concept.

1. L'adoration en esprit : Une connexion intérieure et profonde avec Dieu

Dieu est Esprit

Jésus déclare que Dieu est Esprit (Jean 4:24), ce qui signifie qu'Il est immatériel, omniprésent, et éternel. Par conséquent, notre adoration doit être spirituelle pour correspondre à Sa nature. L'adoration en esprit n'est pas limitée par des lieux physiques ou des cérémonies visibles ; elle se déroule dans le sanctuaire de notre cœur, où nous nous connectons directement à Dieu.

- **Implication :** Adorer en esprit signifie entrer en communion avec Dieu d'une manière qui dépasse le visible ou le tangible. C'est une relation vivante avec un Dieu vivant.

2. Le rôle du Saint-Esprit dans l'adoration en esprit

L'adoration en esprit est rendue possible par le Saint-Esprit, qui habite en chaque croyant (1 Corinthiens 6:19). C'est Lui qui :

- Nous guide dans une adoration sincère et authentique.
- Éveille notre esprit à la gloire de Dieu.
- Nous aide à prier et à adorer même lorsque nous manquons de mots ou de force.

Versets clés :

- *"De même aussi l'Esprit nous aide dans notre faiblesse ; car nous ne savons pas ce qu'il nous convient de demander dans nos prières. Mais l'Esprit lui-même intercède par des soupirs inexprimables."* (Romains 8 :26)
- *"Dieu a envoyé dans nos cœurs l'Esprit de son Fils, lequel crie : Abba ! Père!"* (Galates 4:6)

Implication:

Adorer en esprit signifie que notre adoration n'est pas simplement le fruit de nos propres efforts ; elle est animée et dirigée par le Saint-Esprit, qui nous connecte à Dieu de manière intime et puissante.

3. L'adoration en esprit engage tout l'être intérieur

Contrairement à une adoration qui se limite à des pratiques extérieures (comme chanter, prier ou se rassembler), l'adoration en esprit implique :

- **Un cœur sincère :** Une adoration authentique commence par un cœur pur, libre d'hypocrisie ou de routine religieuse.
  "Ce peuple m'honore des lèvres, mais leur cœur est éloigné de moi." (Matthieu 15 :8)

- **Une âme tournée vers Dieu :** L'adoration en esprit engage nos émotions et nos affections pour Dieu. C'est une réponse de tout notre être à Sa présence.

- **Un esprit éveillé par le Saint-Esprit :** Nos pensées, nos désirs et notre volonté sont alignés sur Dieu, cherchant à Le glorifier.

Implication :

L'adoration en esprit ne se contente pas de paroles ou de gestes ; elle provient d'un cœur, d'une âme et d'un esprit entièrement engagés dans une relation vivante avec Dieu.

4. Une adoration sans limites physiques ou géographiques

Dans le contexte de Jean 4, Jésus montre que l'adoration en esprit dépasse les débats sur le "lieu" d'adoration :

- Les Samaritains adoraient sur le mont Garizim.
- Les Juifs insistaient sur Jérusalem comme lieu exclusif du culte.

Jésus enseigne que l'adoration véritable n'est pas liée à un lieu spécifique, mais qu'elle est accessible partout où les croyants se connectent à Dieu par l'Esprit.

Implication :

L'adoration en esprit transcende les lieux, les styles de culte, et les traditions humaines. Peu importe où nous sommes – dans une église, chez nous, ou en pleine nature – nous pouvons adorer Dieu si notre cœur est connecté à Lui.

5. Une adoration authentique et vivante

L'adoration en esprit n'est pas une routine ou une obligation ; elle est une réponse joyeuse et vivante à la révélation de Dieu. Elle est :

- **Spontanée :** L'Esprit nous inspire souvent à adorer, même en dehors des moments de culte traditionnels.
- **Personnelle :** Elle reflète notre propre relation avec Dieu et la manière dont nous expérimentons Sa présence.

Exemple biblique : Paul et Silas en prison

Dans Actes 16 :25, Paul et Silas, emprisonnés, adorent Dieu en chantant des hymnes. Leur adoration, animée par l'Esprit, n'est pas limitée par leurs circonstances physiques. Elle témoigne d'une connexion profonde avec Dieu.

Implication :

L'adoration en esprit est une expérience vivante et joyeuse, qui dépasse les circonstances et se manifeste dans chaque moment de la vie.

6. Comment cultiver l'adoration en esprit ?

1. **Être rempli du Saint-Esprit :**
   - Chercher la direction de l'Esprit dans la prière (Éphésiens 5 :18).
   - Permettre à l'Esprit de guider nos pensées et nos actions.

2. **Développer une intimité avec Dieu :**
   - Passer du temps quotidien avec Dieu dans la prière, la lecture de la Parole, et la méditation.

3. **Vivre une vie transformée :**
   - Offrir notre vie comme un acte d'adoration :
     "Offrez vos corps comme un sacrifice vivant, saint et agréable à Dieu ; ce sera de votre part un culte raisonnable." (Romains 12:1)

4. **Adorer avec sincérité :**
    - Rejeter les pratiques vides ou les routines religieuses.
    - Adorer Dieu avec un cœur authentique, aligné sur Sa volonté.

7. L'impact de l'adoration en esprit

L'adoration en esprit transforme notre relation avec Dieu et notre manière de vivre :

- **Une connexion plus profonde :** Nous devenons conscients de la présence de Dieu à chaque instant.
- **Une vie de foi renouvelée :** L'adoration en esprit nous aligne sur les priorités divines.
- **Un témoignage puissant :** Notre adoration reflète la gloire de Dieu pour ceux qui nous entourent.

Conclusion

L'adoration "en esprit" est une adoration qui engage tout notre être intérieur, vivifiée par le Saint-Esprit. Elle transcende les formes extérieures pour établir une connexion directe, personnelle, et profonde avec Dieu. Elle nous libère des contraintes physiques ou culturelles et nous invite à une relation vivante avec le Dieu vivant.

En vivant une adoration en esprit, nous répondons à l'appel de Dieu pour des adorateurs authentiques, et nous trouvons une joie et une plénitude qui ne peuvent être trouvées ailleurs.

Qu'est-Ce Que L'adoration "En Vérité" ?

L'adoration "en vérité" est un concept fondamental que Jésus a exposé dans Jean 4:23-24. Elle désigne une adoration alignée sur la réalité de qui est Dieu, telle qu'Il s'est révélé dans Sa Parole, et sur la vérité de l'Évangile. Cela signifie que notre adoration doit être conforme aux Écritures, authentique, et centrée sur Christ, qui est "la vérité" (Jean 14 :6). Voici une analyse approfondie de ce qu'implique l'adoration "en vérité."

1. L'adoration en vérité : Une adoration ancrée dans la Parole de Dieu

La Vérité comme Fondement de l'Adoration

Dieu a révélé Sa nature, Ses œuvres, et Ses plans dans les Écritures. L'adoration en vérité repose donc sur une connaissance correcte de Dieu, basée sur ce qu'Il a dit de Lui-même dans la Bible, et non sur des idées humaines ou des traditions erronées.

- **Exemple biblique :** Jésus critique les Pharisiens pour avoir remplacé les commandements de Dieu par des traditions humaines. Il dit :
  "Ils m'honorent en vain, en enseignant des préceptes qui sont des commandements d'hommes." (Matthieu 15:9)

Implication:

Adorer en vérité signifie que notre culte doit être en accord avec la vérité biblique, sans compromis ni ajouts. Cela exige une compréhension claire des Écritures.

2. Une Adoration Centrée sur Dieu Tel qu'Il Est

Connaître Dieu : La Base de l'Adoration

Pour adorer Dieu en vérité, nous devons Le connaître tel qu'Il s'est révélé dans la Bible. Cela inclut Ses attributs :

- **Sa sainteté** (Ésaïe 6:3)
- **Son amour** (1 Jean 4:8)
- **Sa justice** (Psaume 89:14)
- **Sa souveraineté** (Psaume 103:19)

Rejeter les Faussetés

L'adoration qui repose sur des conceptions erronées de Dieu – comme Le considérer uniquement comme un dispensateur de bénédictions ou ignorer Ses attributs tels que Sa sainteté ou Sa justice – est une adoration en dehors de la vérité.

- **Exemple biblique :** Le veau d'or (Exode 32). Les Israélites adorent un faux dieu qu'ils ont façonné eux-mêmes, croyant rendre un culte à l'Éternel. Cela montre que l'adoration doit être dirigée vers le vrai Dieu, tel qu'Il s'est révélé, et non selon nos idées.

Implication :

Adorer en vérité signifie aligner notre vision de Dieu sur qui Il est réellement, et non sur ce que nous aimerions qu'Il soit.

3. Une Adoration Centrée sur Christ

Jésus, la Vérité de Dieu

Dans Jean 14 :6, Jésus déclare :
"Je suis le chemin, la vérité, et la vie. Nul ne vient au Père que par moi."
Cela signifie que l'adoration en vérité ne peut ignorer la personne et l'œuvre de Christ. Toute véritable adoration passe par Lui, car Il est le médiateur entre Dieu et les hommes (1 Timothée 2:5).

Christ comme Objet de l'Adoration

Dans le Nouveau Testament, Jésus est constamment au centre de l'adoration :

- Les disciples L'adorent après qu'Il a calmé la tempête (Matthieu 14:33).

- Thomas L'adore en disant : *"Mon Seigneur et mon Dieu !"* (Jean 20:28).

- Dans Apocalypse 5:12, les anges et les rachetés adorent l'Agneau, déclarant :
  "L'Agneau qui a été immolé est digne de recevoir la puissance, la richesse, la sagesse, la force, l'honneur, la gloire et la louange !"

Implication :

L'adoration en vérité reconnaît que Jésus est l'expression parfaite de la vérité de Dieu et le centre de notre adoration.

4. Une Adoration Authentique et Sincère

La Vérité dans Nos Intentions

Adorer en vérité signifie que nos intentions et nos cœurs doivent être sincères et alignés avec la volonté de Dieu. Cela exclut l'hypocrisie et les apparences.

- **Exemple biblique :** Les Pharisiens (Matthieu 23). Ils pratiquaient des actes religieux pour être vus des hommes, mais leurs cœurs étaient éloignés de Dieu.

- **Verset clé :**
  "Ce peuple m'honore des lèvres, mais leur cœur est éloigné de moi." (Ésaïe 29:13, cité dans Matthieu 15:8)

Implication :

Adorer en vérité, c'est avoir un cœur sincère, dirigé vers Dieu et non vers des objectifs personnels ou des attentes humaines.

5. Une Adoration Alignée sur l'Évangile

La Bonne Nouvelle comme Centre

L'adoration en vérité reflète l'Évangile : elle célèbre le salut offert par Dieu à travers Jésus-Christ. Nos chants, nos prières, et notre vie entière doivent être imprégnés de reconnaissance pour cette œuvre rédemptrice.

- **Exemple biblique :** Les premiers croyants dans Actes 2 :
  "Ils louaient Dieu et trouvaient grâce auprès de tout le peuple." (Actes 2:47)
  Leur adoration était une réponse à l'Évangile proclamé par les apôtres.

Implication :

Adorer en vérité implique de proclamer et de vivre la Bonne Nouvelle de Christ, en rejetant tout enseignement ou pratique contraires à l'Évangile.

6. Une Adoration Alignée sur la Volonté de Dieu

Obéissance Comme Forme d'Adoration

L'adoration en vérité ne se limite pas à des chants ou des prières ; elle se manifeste par une vie en accord avec les commandements de Dieu. Jésus dit :
"Si vous m'aimez, gardez mes commandements." (Jean 14:15)

Exemple biblique : Saul et Samuel

Dans 1 Samuel 15 :22, Samuel déclare à Saul que l'obéissance vaut mieux que les sacrifices. Cela montre que l'adoration véritable ne peut ignorer la volonté de Dieu.

Implication :

Adorer en vérité signifie vivre une vie d'obéissance à Dieu, où nos actions reflètent notre dévotion.

7. Comment Adorer en Vérité Aujourd'hui ?

1. **Connaître Dieu à travers Sa Parole :**
   Étudier les Écritures pour comprendre qui est Dieu et ce qu'Il attend de nous.

2. **Mettre Christ au centre :**
   Reconnaître Jésus comme le chemin vers le Père et le centre de toute adoration.

3. **Aligner nos vies sur la vérité biblique :**
   Vivre selon les principes de la Parole, en rejetant les traditions ou pratiques contraires.

4. **Être sincère dans notre culte :**
   Rejeter l'hypocrisie et adorer avec un cœur authentique.

5. **Vivre l'Évangile :**
   Faire de chaque aspect de notre vie une expression de reconnaissance pour le salut offert par Jésus-Christ.

Conclusion

Adorer "en vérité" signifie aligner notre culte sur la révélation de Dieu dans les Écritures. C'est une adoration qui place Christ au centre, qui est conforme à la Parole, et qui reflète une vie transformée par l'Évangile. Elle s'oppose aux rituels vides, aux traditions humaines, et aux pratiques erronées pour exalter Dieu tel qu'Il est réellement.

Verset clé pour résumer :
"Sanctifie-les par ta vérité : ta parole est la vérité." (Jean 17:17)

Différence entre une Adoration Authentique et une Adoration Superficielle

L'adoration est une réponse à la grandeur de Dieu, mais il existe une grande différence entre une adoration authentique, qui plaît à Dieu, et une adoration superficielle, qui n'est qu'apparence ou routine. Jésus a souvent souligné cette distinction, notamment en citant Ésaïe :
"Ce peuple m'honore des lèvres, mais leur cœur est éloigné de moi." (Matthieu 15:8).

Voici une analyse détaillée des différences entre ces deux types d'adoration.

1. Source et Motivation

Adoration Authentique

- **Source :** Vient d'un cœur transformé par l'amour et la grâce de Dieu.
- **Motivation :** Centrée sur Dieu et inspirée par un désir sincère de glorifier Son nom.
- **Référence :**
  "Tu aimeras l'Éternel, ton Dieu, de tout ton cœur, de toute ton âme et de toute ta force." (Deutéronome 6:5)

Adoration Superficielle

- **Source :** Résulte souvent d'une obligation, d'une tradition ou d'un désir de plaire aux hommes.
- **Motivation :** Peut-être centrée sur soi-même (recherche de reconnaissance ou de bénédictions personnelles) ou sur la conformité sociale.
- **Référence :**
  "Ils m'honorent en vain, en enseignant des préceptes qui sont des commandements d'hommes." (Matthieu 15:9)

2. La Relation avec Dieu

Adoration Authentique

- **Relation vivante :** Reflète une intimité profonde avec Dieu, basée sur une foi personnelle et une connaissance de Sa nature.
- **Reconnaissance de la sainteté de Dieu :** Inclut la crainte révérencielle et un profond respect pour Sa souveraineté et Sa sainteté.

Adoration Superficielle

- **Relation distante :** Peut exister sans véritable communion avec Dieu, basée uniquement sur des pratiques religieuses.
- **Ignorance de la nature de Dieu :** Souvent marquée par une vision limitée ou erronée de qui est Dieu.

3. Attitude du Cœur

Adoration Authentique

- **Sincérité :** Engage tout le cœur, sans hypocrisie ni duplicité.
- **Humilité :** L'adorateur se reconnaît totalement dépendant de Dieu.
- **Référence :**
  "Dieu regarde au cœur." (1 Samuel 16:7)

Adoration Superficielle

- **Hypocrisie :** Peut se limiter à des gestes extérieurs ou des paroles vides, sans véritable engagement du cœur.
- **Orgueil :** Peut être motivée par un désir de se faire remarquer ou de respecter une obligation religieuse.

4. Expression de l'Adoration

Adoration Authentique

- **Varie mais reste sincère :** Peut se manifester par la prière, la louange, les chants, ou encore une vie de service, mais elle est toujours accompagnée d'un véritable engagement intérieur.

- **Alignée sur la vérité :** Conforme à la Parole de Dieu, centrée sur Christ et dirigée par le Saint-Esprit.

- **Référence :**
  "L'heure vient, et elle est déjà venue, où les vrais adorateurs adoreront le Père en esprit et en vérité." (Jean 4:23)

Adoration Superficielle

- **Gestes sans profondeur :** Souvent limitée à des actions extérieures : chanter sans réfléchir aux paroles, prier sans conviction, ou assister à un culte par obligation.

- **Manque de fondement biblique :** Peut s'écarter de la vérité, s'appuyant sur des traditions ou des idées humaines.

5. Impact sur la Vie

Adoration Authentique

- **Transformation personnelle :** Change le cœur de l'adorateur, le rendant plus conforme à l'image de Christ.

- **Obéissance :** Se manifeste dans une vie alignée sur la volonté de Dieu, où l'adoration dépasse le culte pour devenir un style de vie.

- **Référence :**
  "Offrez vos corps comme un sacrifice vivant, saint

et agréable à Dieu ; ce sera de votre part un culte raisonnable." (Romains 12:1)

Adoration Superficielle

- **Pas de changement durable :** L'adorateur continue souvent de vivre sans impact spirituel significatif, car son cœur n'est pas véritablement touché.

- **Incohérence :** L'adoration ne s'accompagne pas d'obéissance ou de transformation.

6. La Réponse de Dieu

Adoration Authentique

- **Acceptée par Dieu :** Dieu est glorifié par une adoration sincère, car elle reflète un cœur qui L'aime et Le reconnaît pour qui Il est.

- **Récompensée :** La présence de Dieu est souvent ressentie de manière tangible, apportant paix, joie etrenouveau spirituel.

Adoration Superficielle

- **Rejetée par Dieu :** Dieu ne prend aucun plaisir à une adoration qui n'est que façade ou obligation.

- **Référence :**
  "Car je prends plaisir à la loyauté, et non aux sacrifices, et à la connaissance de Dieu, plus qu'aux holocaustes." (Osée 6:6)

Tableau Synthétique

Aspect	Adoration Authentique	Adoration Superficielle
Motivation	Centrée sur Dieu	Centrée sur soi ou sur la conformité sociale
Relation avec Dieu	Intime, personnelle, et vivante	Distante ou inexistante
Attitude du cœur	Sincérité, humilité	Hypocrisie, orgueil
Expression	Varie mais sincère, alignée sur la vérité	Gestes extérieurs, sans engagement intérieur
Impact sur la vie	Transformation, obéissance, alignement sur Dieu	Pas de changement spirituel, incohérence
Réponse de Dieu	Acceptée, glorifie Dieu	Rejetée, déplait à Dieu

Conclusion

La différence entre une adoration authentique et une adoration superficielle réside dans l'attitude du cœur, la motivation, et l'impact sur la vie de l'adorateur. Une adoration authentique est centrée sur Dieu, alimentée par la vérité biblique, et dirigée par le Saint-Esprit. Elle transforme celui qui adore et glorifie véritablement Dieu.

À l'inverse, une adoration superficielle est vide, limitée à des apparences ou des routines, et n'a pas d'impact durable. C'est pourquoi Jésus appelle chacun à devenir un "vrai adorateur" qui adore le Père en esprit et en vérité (Jean 4:23).

Chapitre 3
L'Adoration dans la Vie Quotidienne

L'Adoration dans la Vie Quotidienne

L'adoration ne se limite pas à des moments spécifiques dans une église ou à des rituels religieux. Elle est une manière de vivre qui consiste à honorer et glorifier Dieu dans tous les aspects de notre quotidien. L'adoration quotidienne transforme chaque action ordinaire en une expression sacrée de dévotion à Dieu. Voici comment cela se manifeste et peut être cultivé.

1. Une Vie de Sacrifice Vivant

Paul exhorte les croyants à offrir leur vie entière en adoration à Dieu :
"Je vous exhorte donc, frères, par les compassions de Dieu, à offrir vos corps comme un sacrifice vivant, saint et agréable à Dieu, ce qui sera de votre part un culte raisonnable." (Romains 12:1)

Ce que cela signifie :

- **Sacrifice vivant :** Cela implique de consacrer chaque aspect de notre vie à Dieu : notre corps, nos pensées, nos paroles, et nos actions.

- **Un culte quotidien :** Adorer Dieu dans la vie quotidienne signifie faire tout pour Sa gloire, qu'il s'agisse de travailler, de prendre soin de notre famille, ou de servir les autres.

2. Adorer par l'Obéissance

L'adoration véritable passe par une vie alignée sur la volonté de Dieu. Jésus a déclaré :
"Si vous m'aimez, gardez mes commandements." (Jean 14:15)

Comment cela s'applique :

- **Faire la volonté de Dieu :** Chaque acte d'obéissance devient un acte d'adoration. Par exemple, pardonner à quelqu'un qui nous a offensés, même quand c'est difficile, est une manière d'honorer Dieu.
- **Réfléchir à nos décisions :** Dans chaque situation, nous devons nous demander si nos choix reflètent notre amour pour Dieu et notre désir de Lui plaire.

3. Adorer dans le Travail

Paul enseigne que notre travail, quel qu'il soit, peut devenir une forme d'adoration :
"Tout ce que vous faites, faites-le de tout votre cœur, comme pour le Seigneur et non pour des hommes." (Colossiens 3:23)

Ce que cela signifie :

- **Travailler avec excellence :** Lorsque nous accomplissons nos tâches avec diligence et honnêteté, nous glorifions Dieu.

- **Attitude de service :** Voir notre travail comme une opportunité de servir Dieu, même si les tâches semblent banales.

4. Adorer par nos Paroles et nos Pensées

L'adoration dans la vie quotidienne passe aussi par ce que nous disons et pensons. Le psalmiste dit :
"Que les paroles de ma bouche et la méditation de mon cœur soient agréables à tes yeux, Éternel, mon rocher et mon rédempteur !" (Psaume 19:14)

Comment cela s'applique :

- **Parler avec sagesse et amour :** Éviter les paroles blessantes, les critiques inutiles, ou les mensonges. Nos paroles doivent édifier et glorifier Dieu.
- **Garder nos pensées pures :** En cultivant des pensées conformes à la vérité de Dieu (Philippiens 4:8), nous honorons Dieu dans notre esprit.

5. Adorer dans nos Relations

Nos relations avec les autres reflètent notre adoration envers Dieu. Jésus a résumé la Loi en deux commandements :
"Tu aimeras le Seigneur, ton Dieu, de tout ton cœur, de toute ton âme et de toute ta pensée. Tu aimeras ton prochain comme toi-même." (Matthieu 22:37-39)

Ce que cela signifie :

- **Honorer Dieu à travers l'amour :** Être patient, compatissant, et généreux envers les autres est une manière d'adorer Dieu.
- **Servir les autres :** Aider quelqu'un dans le besoin, encourager une personne découragée, ou pardonner une offense sont des expressions pratiques d'une vie d'adoration.

6. Adorer dans la Gratitude

La reconnaissance est une forme puissante d'adoration quotidienne. Paul exhorte les croyants :
"Rendez grâce en toutes choses, car c'est à votre égard la volonté de Dieu en Jésus-Christ." (1 Thessaloniciens 5:18)

Comment cela s'applique :

- **Remercier Dieu chaque jour :** Être conscient de Ses bénédictions et Lui exprimer notre gratitude dans les petites et grandes choses.
- **Adopter une attitude de contentement :** Reconnaître que tout ce que nous avons vient de Dieu et L'honorer en étant satisfaits de ce qu'Il nous donne.

7. Adorer dans les Épreuves

L'adoration ne s'arrête pas lorsque les temps sont difficiles. Au contraire, elle devient encore plus significative lorsque nous louons Dieu malgré nos souffrances. Paul et Silas ont adoré Dieu en chantant des hymnes alors qu'ils étaient emprisonnés (Actes 16 :25).

Ce que cela signifie :

- **Reconnaître la souveraineté de Dieu :** Même dans les moments difficiles, nous pouvons adorer en proclamant que Dieu est en contrôle.
- **Persévérer dans la foi :** Continuer à adorer, prier, et faire confiance à Dieu, même lorsque nous ne comprenons pas Ses plans.

8. Adorer par nos Finances et nos Biens

Jésus enseigne que là où est notre trésor, là aussi sera notre cœur (Matthieu 6 :21). L'utilisation de nos ressources reflète notre adoration.

Comment cela s'applique :

- **Donner généreusement :** Contribuer à l'œuvre de Dieu et aider les autres est une forme d'adoration.
- **Gérer nos finances avec intégrité :** Être de bons intendants de ce que Dieu nous a confié montre que nous L'honorons.

9. Adorer par la Louange Spontanée

Même dans nos activités quotidiennes, nous pouvons élever des louanges à Dieu. Le psalmiste dit :
"Je bénirai l'Éternel en tout temps ; sa louange sera toujours dans ma bouche." (Psaume 34:1)

Comment cela s'applique :

- **Chanter ou prier spontanément :** Profiter de moments simples, comme marcher ou cuisiner, pour adorer Dieu en chantant ou en méditant sur Sa grandeur.
- **Rester conscient de Sa présence :** Cultiver une attitude de louange, même dans les tâches ordinaires.

10. Adorer par la Transformation de Notre Vie

L'adoration quotidienne consiste à refléter Christ dans tout ce que nous faisons. Paul écrit :
"Ce n'est plus moi qui vis, c'est Christ qui vit en moi." (Galates 2:20)

Ce que cela signifie :

- **Devenir une lumière :** Vivre d'une manière qui témoigne de l'amour et de la gloire de Dieu (Matthieu 5:16).
- **Rechercher la sainteté :** Laisser le Saint-Esprit nous transformer pour que notre vie entière devienne une offrande agréable à Dieu.

Conclusion : Une Vie Consacrée à Dieu

L'adoration dans la vie quotidienne transforme chaque instant en une opportunité de glorifier Dieu. Cela ne se limite pas aux moments de culte formels, mais devient une manière de vivre où chaque pensée, parole, et action reflète notre amour et notre dévotion envers Dieu.

Vivre une vie d'adoration, c'est reconnaître que Dieu est au centre de tout, et Lui offrir non seulement nos prières et nos chants, mais aussi nos décisions, nos relations, et notre service quotidien. En agissant ainsi, nous devenons de véritables adorateurs, alignés sur Sa volonté et inspirés par Sa présence dans chaque aspect de notre existence.

L'adoration Ne Se Limite Pas A La Musique Ou Au Culte

L'adoration est souvent associée à la musique ou aux moments de culte communautaire, comme les chants dans une église. Bien que ces formes soient importantes et puissantes, elles ne représentent qu'un aspect de ce que signifie réellement adorer Dieu. L'adoration est bien plus vaste : elle est un mode de vie qui englobe tout ce que nous faisons pour glorifier Dieu, en réponse à qui Il est et à ce qu'Il a fait.

1. Une définition plus large de l'adoration

Adorer Dieu, c'est reconnaître Sa valeur infinie et Lui offrir tout ce que nous sommes. Cela dépasse les gestes extérieurs ; c'est une attitude intérieure qui se manifeste dans chaque aspect de notre vie.

- **Référence biblique :**
  "Ainsi donc, que vous mangiez, que vous buviez, ou quoi que vous fassiez, faites tout pour la gloire de Dieu." (1 Corinthiens 10 :31)
  L'adoration est une reconnaissance constante de la souveraineté et de la grandeur de Dieu dans toutes nos actions quotidiennes.

2. L'adoration dans notre vie quotidienne

Au-delà des moments de musique ou de rassemblement

- **Dans nos choix :** Adorer Dieu, c'est choisir ce qui Lui plaît, même lorsque personne ne regarde.
- **Dans nos relations :** Aimer les autres, pardonner, et agir avec compassion sont des expressions d'adoration (Jean 13:34).
- **Dans notre travail :** Remplir nos responsabilités avec excellence et honnêteté glorifie Dieu.
  "Tout ce que vous faites, faites-le de tout votre cœur, comme pour le Seigneur et non pour des hommes." (Colossiens 3:23)

L'adoration comme mode de vie

- **Romains 12 :1 :**
  "Offrez vos corps comme un sacrifice vivant, saint et agréable à Dieu ; ce sera de votre part un culte raisonnable."
  Ici, Paul enseigne que l'adoration n'est pas limitée à des moments spécifiques : c'est offrir chaque partie de notre vie à Dieu.

3. L'adoration à travers l'obéissance

L'une des formes les plus élevées d'adoration est l'obéissance. Jésus Lui-même a démontré cela en disant :

"Ma nourriture est de faire la volonté de celui qui m'a envoyé et d'accomplir son œuvre." (Jean 4:34)

Exemples :

- **Abraham :** Son obéissance sur le mont Moriah (Genèse 22) montre que l'adoration authentique peut inclure des sacrifices personnels.
- **Saul :** Samuel lui rappelle que l'obéissance vaut mieux que les sacrifices (1 Samuel 15:22), soulignant que suivre la volonté de Dieu est une forme essentielle d'adoration.

4. L'adoration dans les épreuves

Adorer Dieu ne signifie pas seulement Le louer dans les moments de joie. L'adoration authentique se manifeste également dans les épreuves, lorsque nous choisissons de Le glorifier malgré nos difficultés.

- **Exemple de Paul et Silas :**
  Dans Actes 16 :25, ils chantent des hymnes à Dieu en prison, montrant que l'adoration transcende les circonstances.

Application :

Adorer Dieu dans les épreuves, c'est reconnaître Sa souveraineté et Lui faire confiance, même quand tout semble incertain.

5. L'adoration dans la gratitude

L'adoration s'exprime aussi par une attitude constante de gratitude, qui reconnaît que tout vient de Dieu.

- **Référence :**
  "Rendez grâce en toutes choses, car c'est à votre égard la volonté de Dieu en Jésus-Christ." (1 Thessaloniciens 5:18)

Comment cela se manifeste :

- Remercier Dieu pour les bénédictions, grandes ou petites.
- Être content avec ce que Dieu nous donne, au lieu de murmurer ou de désirer ce que nous n'avons pas.

6. L'adoration à travers le service

Servir les autres est une manière puissante d'adorer Dieu. Jésus a dit :
"Chaque fois que vous avez fait cela à l'un de ces plus petits de mes frères, c'est à moi que vous l'avez fait." (Matthieu 25:40)

Exemples pratiques :

- Aider quelqu'un dans le besoin.
- Encourager une personne découragée.

- Offrir notre temps ou nos talents pour soutenir les œuvres de Dieu.

7. L'adoration à travers l'intimité avec Dieu

Passer du temps dans la prière, la méditation, et la lecture de la Parole est une forme clé d'adoration. Ce sont des moments où nous nous connectons à Dieu, Lui exprimons notre amour, et recevons Sa direction.

- **Psaume 1:2 :**
  "Mais son plaisir est dans la loi de l'Éternel, et il médite sa loi jour et nuit."

Comment pratiquer :

- Consacrer chaque jour un moment à prier et à écouter Dieu.
- Méditer sur Sa Parole pour mieux Le connaître et aligner notre vie sur Sa vérité.

8. L'adoration comme témoignage

Lorsque nous vivons d'une manière qui reflète la gloire de Dieu, notre vie devient un témoignage qui attire les autres à Lui. Jésus dit :
"Que votre lumière luise ainsi devant les hommes, afin qu'ils voient vos bonnes œuvres, et glorifient votre Père qui est dans les cieux." (Matthieu 5:16)

9. Adorer avec une perspective éternelle

L'adoration quotidienne est une préparation à l'éternité, où nous adorerons Dieu pour toujours. Apocalypse 4:11 montre une vision céleste où les êtres célestes proclament :
"Tu es digne, notre Seigneur et notre Dieu, de recevoir la gloire, l'honneur et la puissance."

Implication :

Chaque jour est une opportunité de vivre pour la gloire de Dieu, dans une anticipation joyeuse de l'adoration éternelle.

Conclusion : Une Vie d'Adoration Complète

L'adoration ne se limite pas à la musique ou au culte ; elle est une réponse globale à la grandeur de Dieu dans tous les aspects de notre vie. Chaque décision, relation, action, et pensée peut devenir une forme d'adoration lorsque nous les offrons à Dieu avec un cœur sincère.

Vivre une vie d'adoration quotidienne, c'est honorer Dieu dans le travail, les épreuves, la gratitude, l'obéissance, et le service ; c'est L'aimer non seulement par des paroles, mais par tout ce que nous faisons, pour Sa gloire et selon Sa volonté.

L'Adoration comme Mode de Vie : "Offrez vos corps comme un sacrifice vivant" (Romains 12 :1)

Dans **Romains 12 :1**, Paul exhorte les croyants à une adoration qui dépasse les moments de culte formels ou les pratiques religieuses isolées. Il appelle à un engagement total de leur vie entière en tant que forme d'adoration :

"Je vous exhorte donc, frères, par les compassions de Dieu, à offrir vos corps comme un sacrifice vivant, saint et agréable à Dieu, ce qui sera de votre part un culte raisonnable."

Ce verset redéfinit l'adoration comme un mode de vie, une manière de vivre qui place Dieu au centre de toutes nos pensées, actions, et décisions. Voici une analyse détaillée de ce concept.

1. Offrir son corps : Une Adoration Globale

Ce que cela signifie :

- Paul utilise l'image du "sacrifice" en référence aux sacrifices offerts dans l'Ancien Testament. Cependant, il introduit une différence majeure : le sacrifice demandé n'est pas un animal ou une offrande matérielle, mais notre corps — c'est-à-dire notre vie entière.

- **"Votre corps"** : Ce terme englobe notre être tout entier, y compris nos pensées, nos actions, et nos désirs. Dieu ne cherche pas seulement nos paroles ou nos chants, mais un engagement total de tout ce que nous sommes.

Application:

- **Dans nos actes :** Chaque action quotidienne – travailler, se reposer, aider les autres – peut être une forme d'adoration lorsqu'elle est accomplie pour glorifier Dieu (1 Corinthiens 10 :31).
- **Dans notre manière de vivre :** Honorer Dieu dans notre style de vie, nos choix, et notre comportement reflète un sacrifice vivant.

2. Un Sacrifice Vivant, Saint, et Agréable à Dieu

Sacrifice vivant:

- Contrairement aux sacrifices dans l'Ancien Testament, où les animaux étaient tués, Paul parle d'un sacrifice "vivant". Cela signifie que notre adoration ne doit pas être un acte ponctuel, mais un engagement continu, tout au long de notre vie.

Sacrifice saint:

- La sainteté implique d'être mis à part pour Dieu, vivant une vie qui reflète Sa pureté et Sa volonté. Cela demande de rejeter le péché et de rechercher la justice.

- **Référence :**
  "Soyez saints, car je suis saint." (1 Pierre 1:16)

Sacrifice agréable à Dieu:

- Tout comme Dieu acceptait les sacrifices purs et parfaits dans l'Ancien Testament, notre vie doit être une offrande qui plaît à Dieu. Cela implique une attitude sincère, une obéissance constante, et un cœur entièrement tourné vers Lui.

3. "Un culte raisonnable" : Une Adoration Logique et Volontaire

Le terme "raisonnable" (du grec *logikos*) peut aussi être traduit par "logique" ou "spirituel". Cela signifie que l'adoration décrite ici n'est pas simplement une obligation religieuse, mais une réponse naturelle et réfléchie à la grâce de Dieu.

Pourquoi est-ce raisonnable ?

- **Par reconnaissance :** Paul appelle à cette adoration en réponse "aux compassions de Dieu". Dieu a manifesté Son amour et Sa miséricorde en offrant Son Fils pour notre salut. En retour, Il mérite notre dévotion totale.

- **Par alignement avec notre but :** Nous avons été créés pour glorifier Dieu. Offrir notre vie comme un sacrifice vivant est donc le sens même de notre existence.

4. L'Adoration comme Transformation (Romains 12:2)

Dans le verset suivant, Paul explique que cette adoration transforme notre manière de penser et de vivre :
"Ne vous conformez pas au siècle présent, mais soyez transformés par le renouvellement de l'intelligence, afin que vous discerniez quelle est la volonté de Dieu, ce qui est bon, agréable et parfait." (Romains 12:2)

Ce que cela implique :

- **Rejet de la conformité au monde :** L'adoration comme mode de vie exige de ne pas suivre les valeurs ou les standards de la société qui s'opposent à Dieu.
- **Renouvellement de l'esprit :** Par la Parole de Dieu et la direction du Saint-Esprit, notre manière de penser est transformée pour aligner nos désirs et nos choix sur la volonté de Dieu.

Impact:

- Cette transformation conduit à une vie qui reflète la gloire de Dieu et qui témoigne de Sa puissance auprès des autres.

5. Comment Vivre l'Adoration comme un Mode de Vie

1. Consacrer chaque jour à Dieu

- Commencer chaque journée en offrant nos pensées, nos décisions, et nos actions à Dieu.

"Fais de l'Éternel tes délices, et il te donnera ce que ton cœur désire." (Psaume 37:4)

2. Servir les autres comme un acte d'adoration

- Jésus a dit :
  "Chaque fois que vous avez fait cela à l'un de ces plus petits de mes frères, c'est à moi que vous l'avez fait." (Matthieu 25:40)
  Aider, encourager, ou soutenir les autres est une manière de glorifier Dieu.

3. Rechercher la sainteté dans chaque aspect de notre vie

- Nous devons veiller à ce que nos choix reflètent la pureté de Dieu, que ce soit dans nos paroles, nos pensées, ou nos actions.

4. Louer Dieu dans chaque circonstance

- Paul et Silas ont adoré Dieu même en prison (Actes 16 :25), montrant que l'adoration dépasse les circonstances. Nous devons remercier et louer Dieu, que les temps soient bons ou difficiles.

5. Cultiver une vie de prière et de méditation

- Passer du temps quotidiennement avec Dieu dans la prière et la lecture de Sa Parole nous aide à rester connectés à Lui et à faire de l'adoration une partie intégrante de notre vie.

6. Les Bénéfices d'une Vie d'Adoration

1. **Transformation intérieure :** Nous devenons de plus en plus semblables à Christ.

2. **Relation profonde avec Dieu :** L'adoration quotidienne renforce notre communion avec Dieu.

3. **Témoignage puissant :** Une vie d'adoration attire les autres à Christ en reflétant Son amour et Sa gloire.

4. **Paix et joie :** Vivre pour glorifier Dieu apporte un contentement et un sens profond à notre vie.

Conclusion

Faire de l'adoration un mode de vie, comme le décrit **Romains 12 :1**, signifie offrir chaque partie de notre existence à Dieu : nos corps, nos pensées, nos actions, et nos décisions. Ce sacrifice vivant, saint, et agréable est une réponse logique à la grâce et à l'amour que Dieu a manifestés envers nous. En vivant ainsi, nous honorons Dieu non seulement par des mots ou des chants, mais par tout ce que nous faisons.

L'adoration devient alors une expression continue et joyeuse de notre gratitude et de notre dévotion, transformant chaque moment ordinaire en une opportunité extraordinaire de glorifier Dieu.

Comment Refléter L'adoration Dans Nos Paroles, Actions, Et Pensées

L'adoration authentique n'est pas limitée à des moments spécifiques de prière ou de chant ; elle s'exprime dans chaque aspect de notre vie. Nos paroles, actions, et pensées deviennent des expressions d'adoration lorsque nous les utilisons pour glorifier Dieu et refléter Sa sainteté. Voici comment manifester cette adoration dans ces trois dimensions.

1. Refléter l'Adoration dans Nos Paroles

L'importance des paroles dans l'adoration

Nos paroles ont un grand pouvoir, elles peuvent bénir ou détruire (Proverbes 18 :21). Utiliser nos paroles pour glorifier Dieu et édifier les autres est une forme d'adoration.

Pratiques pour refléter l'adoration dans nos paroles

- **Parler avec gratitude :**
  "Rendez grâce en toutes choses, car c'est à votre égard la volonté de Dieu en Jésus-Christ." (1 Thessaloniciens 5:18)
  Remercier Dieu pour Ses bénédictions dans nos conversations montre que notre cœur est tourné vers Lui.

- **Élever des louanges à Dieu :**
  "Que ma bouche soit remplie de tes louanges,

que chaque jour elle te glorifie." (Psaume 71:8)
Inclure des paroles de louange et de reconnaissance envers Dieu dans notre quotidien témoigne de notre adoration.

- **Éviter les paroles négatives :**
"Qu'il ne sorte de votre bouche aucune parole mauvaise, mais seulement de bonnes paroles, qui servent à édifier." (Éphésiens 4:29)
En évitant les critiques, les insultes, ou les commérages, nous témoignons de notre dévotion à Dieu.

- **Témoigner de Dieu :**
Partager l'Évangile ou parler des œuvres de Dieu dans notre vie glorifie Son nom et encourage les autres à L'adorer.

2. Refléter l'Adoration dans Nos Actions

L'importance des actions dans l'adoration

Nos actions reflètent ce qui habite notre cœur. Une vie d'obéissance et de service exprime notre adoration envers Dieu.

Pratiques pour refléter l'adoration dans nos actions

- **Vivre dans l'obéissance :**
"Si vous m'aimez, gardez mes commandements." (Jean 14:15)
Obéir aux enseignements de Dieu dans notre vie quotidienne est une forme concrète d'adoration.

Par exemple, aimer nos ennemis ou pardonner ceux qui nous ont offensés.

- **Servir les autres :**
  "Tout ce que vous faites, faites-le de tout votre cœur, comme pour le Seigneur et non pour des hommes." (Colossiens 3:23)
  En servant les autres avec humilité et amour, nous montrons que notre vie est consacrée à Dieu.

- **Être un bon gestionnaire de ce que Dieu nous donne :**
  Utiliser nos talents, notre temps, et nos ressources pour la gloire de Dieu reflète une vie d'adoration.

- **Aider dans les moments difficiles :**
  Aider les pauvres, consoler les affligés, et soutenir ceux qui traversent des épreuves sont des actes qui reflètent l'amour de Dieu et Sa gloire.
  "Ce que vous avez fait à l'un de ces plus petits de mes frères, c'est à moi que vous l'avez fait." (Matthieu 25:40)

3. Refléter l'Adoration dans Nos Pensées

L'importance des pensées dans l'adoration

L'adoration commence dans l'esprit : ce que nous pensons détermine ce que nous disons et faisons.

Remplir notre esprit de pensées centrées sur Dieu est essentiel pour vivre une vie qui L'honore.

Pratiques pour refléter l'adoration dans nos pensées

- **Méditer sur la Parole de Dieu :**
  "Que ce livre de la loi ne s'éloigne pas de ta bouche ; médite-le jour et nuit." (Josué 1:8)
  Méditer sur les Écritures nous aide à aligner nos pensées sur celles de Dieu.

- **Penser à ce qui est pur et vrai :**
  "Que tout ce qui est vrai, tout ce qui est honorable, tout ce qui est juste, tout ce qui est pur... soit l'objet de vos pensées." (Philippiens 4:8)
  Remplir notre esprit de choses positives et édifiantes nous aide à rester focalisés sur Dieu.

- **Rejeter les pensées négatives ou pécheresses :**
  "Nous renversons les raisonnements et toute hauteur qui s'élève contre la connaissance de Dieu, et nous amenons toute pensée captive à l'obéissance de Christ." (2 Corinthiens 10:5)
  Nous adorons Dieu en rejetant les pensées de doute, de peur, ou de tentation et en les remplaçant par Sa vérité.

- **Se rappeler des œuvres de Dieu :**
  Penser aux bénédictions passées et aux interventions de Dieu dans nos vies nourrit une attitude de louange et de reconnaissance.

4. Une Vie Alignée sur Dieu : L'Harmonie entre Paroles, Actions, et Pensées

Adorer Dieu dans nos paroles, actions, et pensées signifie aligner chaque aspect de notre vie sur Sa volonté. Cela implique :

- **Un cœur sincère :** Nos paroles, actions, et pensées doivent découler d'un cœur transformé par la grâce de Dieu.

- **Une cohérence entre ce que nous disons et faisons :**
  "Ce ne sont pas tous ceux qui me disent : Seigneur, Seigneur ! qui entreront dans le royaume des cieux, mais celui-là seul qui fait la volonté de mon Père qui est dans les cieux." (Matthieu 7:21)
  Une vie d'adoration authentique ne se contente pas de paroles ; elle se manifeste dans nos actes.

5. Les Fruits d'une Vie d'Adoration

Lorsque nous adorons Dieu dans nos paroles, actions, et pensées, cela produit des fruits visibles :

1. **Une transformation personnelle :** Nous devenons plus semblables à Christ (Romains 8:29).

2. **Un témoignage puissant :** Les autres voient Dieu à travers notre vie (Matthieu 5:16).

3. **Une paix intérieure :** Centrer nos pensées et nos actions sur Dieu nous donne une joie et une paix profondes (Ésaïe 26:3).

4. **Une gloire donnée à Dieu :** Toute notre vie devient un reflet de Sa grandeur.

Conclusion

Refléter l'adoration dans nos paroles, actions, et pensées, c'est faire de chaque aspect de notre vie une offrande à Dieu. Cela demande de remplir nos pensées de Sa vérité, d'utiliser nos paroles pour Le glorifier et édifier les autres, et d'agir avec amour, humilité, et obéissance.

En alignant ces trois dimensions sur la volonté de Dieu, nous vivons une adoration authentique, où chaque instant de notre vie devient une opportunité de L'honorer et de manifester Sa gloire au monde.

Chapitre 4
Les Expressions de l'Adoration

Les Expressions de l'Adoration

L'adoration est la réponse de l'homme à la grandeur, à la sainteté, et à l'amour de Dieu. Elle se manifeste de différentes manières, à travers des gestes, des paroles, des actes, et des attitudes. Ces expressions d'adoration permettent de glorifier Dieu non seulement dans des contextes spécifiques de culte, mais aussi dans tous les aspects de la vie quotidienne.

1. L'Adoration à Travers la Louange

Chanter des cantiques et des hymnes

La louange est l'une des expressions les plus universelles de l'adoration. Elle célèbre la grandeur et les œuvres de Dieu à travers des chants, des hymnes, et des mélodies.

- **Références bibliques :**
  "Entrez dans ses portes avec reconnaissance, dans ses parvis avec des cantiques !" (Psaume 100:4)
  "Admonestez-vous les uns les autres en psalmodiant, par des hymnes et des cantiques spirituels ; chantez et louez de tout votre cœur le Seigneur." (Éphésiens 5:19)

Comment l'exprimer :

- Chanter dans des cultes collectifs ou en privé.

- Composer des chants qui reflètent l'amour et la vérité de Dieu.
- Accompagner la musique d'instruments, comme le montre le Psaume 150.

2. L'Adoration par la Prière

La prière est une expression d'adoration qui consiste à entrer en communication directe avec Dieu, en Lui offrant des louanges, des actions de grâce, et des supplications.

- **Références bibliques :**
  "Priez sans cesse." (1 Thessaloniciens 5:17)
  "Que ma prière soit devant toi comme l'encens, et l'élévation de mes mains comme l'offrande du soir." (Psaume 141:2)

Comment l'exprimer :

- Par des prières de gratitude, pour exprimer notre reconnaissance envers Dieu.
- Par des prières d'adoration, pour proclamer Sa grandeur et Sa souveraineté.
- Par des prières d'intercession, pour manifester l'amour et le souci des autres.

3. L'Adoration par le Service

Servir les autres, en particulier ceux qui sont dans le besoin, est une manière puissante d'adorer Dieu. Jésus Lui-même a enseigné que servir les autres, c'est Le servir.

- **Références bibliques :**
  "Car j'ai eu faim, et vous m'avez donné à manger ; j'ai eu soif, et vous m'avez donné à boire." (Matthieu 25 :35)
  "Servez l'Éternel avec joie ; venez avec allégresse en Sa présence." (Psaume 100:2)

Comment l'exprimer :

- Participer à des œuvres de charité.
- Offrir son temps et ses talents pour aider dans l'église ou dans la communauté.
- Accueillir et encourager ceux qui sont dans la détresse.

4. L'Adoration à Travers l'Obéissance

L'obéissance à Dieu est une forme d'adoration qui démontre notre amour et notre respect pour Sa volonté.

- **Références bibliques :**
  "Si vous m'aimez, gardez mes commandements." (Jean 14 :15)
  "Samuel dit : L'Éternel trouve-t-il du plaisir dans les holocaustes et les sacrifices, comme dans

l'obéissance à la voix de l'Éternel ? Voici, l'obéissance vaut mieux que les sacrifices." (1 Samuel 15:22)

Comment l'exprimer :

- Suivre les commandements de Dieu dans nos choix quotidiens.
- Rejeter les comportements contraires à la volonté de Dieu.
- Vivre une vie de sainteté, en étant mis à part pour Dieu.

5. L'Adoration par les Sacrifices

Les sacrifices dans l'Ancien Testament étaient des expressions d'adoration par lesquelles le peuple reconnaissait la souveraineté de Dieu. Aujourd'hui, le sacrifice s'exprime par l'offrande de notre vie et de nos biens.

- **Références bibliques :**
  "Offrez vos corps comme un sacrifice vivant, saint et agréable à Dieu ; ce sera de votre part un culte raisonnable." (Romains 12 :1)
  "N'oubliez pas la bienfaisance et la libéralité, car c'est à de tels sacrifices que Dieu prend plaisir." (Hébreux 13:16)

Comment l'exprimer :

- Consacrer notre temps, nos talents, et nos ressources à Dieu.
- Donner généreusement pour soutenir l'œuvre de Dieu et aider ceux dans le besoin.
- Abandonner tout ce qui pourrait prendre la place de Dieu dans notre vie (idoles modernes, ambitions égoïstes).

6. L'Adoration par la Gratitude

Remercier Dieu dans toutes les circonstances est une manière d'adorer et de reconnaître Sa souveraineté.

- **Références bibliques :**
  "Rendez grâces en toutes choses, car c'est à votre égard la volonté de Dieu en Jésus-Christ." (1 Thessaloniciens 5:18)

Comment l'exprimer :

- Reconnaître les bénédictions quotidiennes de Dieu.
- Remercier Dieu dans la prière et dans nos conversations.
- Témoigner de Sa bonté et de Ses interventions dans nos vies.

7. L'Adoration par la Louange Corporelle

L'adoration s'exprime aussi par des gestes physiques qui témoignent de notre soumission et de notre respect envers Dieu.

- **Références bibliques :**
  "Venez, prosternons-nous et humilions-nous, fléchissons le genou devant l'Éternel, notre créateur !" (Psaume 95:6)

Comment l'exprimer :

- Lever les mains en signe de louange (Psaume 63:4).
- Se prosterner ou s'agenouiller dans un acte de soumission.
- Danser devant Dieu, comme David l'a fait en ramenant l'arche de l'alliance (2 Samuel 6:14).

8. L'Adoration par le Témoignage

Témoigner de l'œuvre de Dieu dans notre vie est une manière de L'adorer et de proclamer Sa gloire devant les autres.

- **Références bibliques :**
  "Publiez avec moi la grandeur de l'Éternel ! Exaltons ensemble Son nom." (Psaume 34:3)

Comment l'exprimer :

- Partager notre foi avec ceux qui ne connaissent pas encore Dieu.
- Témoigner de Sa fidélité dans les moments difficiles.
- Encourager les autres à se tourner vers Lui.

9. L'Adoration par l'Étude de la Parole de Dieu

Lire, méditer, et appliquer la Parole de Dieu est une forme puissante d'adoration, car elle nous rapproche de Lui et nous aligne sur Sa volonté.

- **Références bibliques :**
  "Ta parole est une lampe à mes pieds, et une lumière sur mon sentier." (Psaume 119:105)

Comment l'exprimer :

- Consacrer du temps chaque jour pour méditer sur les Écritures.
- Étudier la Parole en groupe pour grandir dans la foi.
- Vivre selon les principes bibliques.

10. L'Adoration dans les Épreuves

Adorer Dieu dans les moments difficiles est une expression puissante de foi et de confiance.

- **Références bibliques :**

  "Même quand je marche dans la vallée de l'ombre de la mort, je ne crains aucun mal ; car tu es avec moi." (Psaume 23 :4)

  "Paul et Silas priaient et chantaient les louanges de Dieu, et les prisonniers les entendaient." (Actes 16:25)

Comment l'exprimer :

- Louer Dieu malgré les défis.
- S'appuyer sur Sa présence et Sa promesse de fidélité.
- Témoigner de Sa bonté, même dans les moments difficiles.

Conclusion

L'adoration s'exprime de multiples façons, chacune reflétant notre amour et notre révérence pour Dieu. Que ce soit par la louange, la prière, le service, l'obéissance, ou la gratitude, chaque expression doit émaner d'un cœur sincère et aligné sur Sa volonté.

Vivre une vie d'adoration, c'est choisir de glorifier Dieu non seulement par des mots ou des gestes, mais aussi par chaque décision, relation, et action. Ainsi, l'adoration devient un témoignage vivant de notre foi et un hommage constant à la grandeur de Dieu.

La Louange, la Prière, la Méditation et les Œuvres : Quatre Expressions de l'Adoration

Ces quatre éléments – **la louange, la prière, la méditation** et **les œuvres** – sont des formes essentielles d'adoration. Chacune d'elles offre une manière unique de glorifier Dieu et de refléter notre relation avec Lui. Voici une exploration approfondie de ces expressions et de leur rôle dans notre vie spirituelle.

1. La Louange : Une Déclaration de la Grandeur de Dieu

Qu'est-ce que la louange ?

La louange est une expression joyeuse de reconnaissance et d'admiration pour Dieu. Elle célèbre Sa sainteté, Sa puissance, Sa fidélité, et Ses œuvres. La louange peut se faire par des chants, des paroles, ou des gestes.

Pourquoi la louange est importante :

- **Elle glorifie Dieu :**
  "L'Éternel est grand et digne de recevoir toute louange ; il est redoutable par-dessus tous les dieux." (Psaume 96:4)

- **Elle recentre notre attention :** La louange nous détourne de nos préoccupations pour nous concentrer sur la grandeur de Dieu.

- **Elle transforme nos cœurs :** Elle nous remplit de joie et renouvelle notre foi.

Comment pratiquer la louange :

1. **Chanter :** Utiliser des cantiques et des hymnes pour exalter Dieu (Éphésiens 5:19).
2. **Exprimer des louanges verbales :** Proclamer les attributs de Dieu à voix haute.
3. **Adopter des gestes :** Lever les mains, danser, ou se prosterner en signe d'adoration (Psaume 95:6).
4. **Louer dans toutes les circonstances :** Comme Paul et Silas, qui louaient Dieu en prison (Actes 16:25).

2. La Prière : Une Communion avec Dieu

Qu'est-ce que la prière ?

La prière est un dialogue spirituel entre l'homme et Dieu. C'est une manière d'exprimer notre adoration, notre gratitude, nos besoins, et nos confessions.

Pourquoi la prière est importante :

- **Elle établit une relation intime :** Par la prière, nous entrons dans la présence de Dieu et cultivons une relation personnelle avec Lui.
- **Elle aligne notre volonté sur celle de Dieu :** *"Que ta volonté soit faite sur la terre comme au ciel."* (Matthieu 6:10)

- **Elle manifeste notre dépendance :** Prier, c'est reconnaître que nous avons besoin de Dieu dans chaque aspect de notre vie.

Comment pratiquer la prière :

1. **Prière de gratitude :** Remercier Dieu pour Ses bénédictions (Philippiens 4:6).
2. **Prière de confession :** Reconnaître nos péchés et demander pardon (1 Jean 1:9).
3. **Prière d'intercession :** Prier pour les besoins des autres (1 Timothée 2:1).
4. **Prière de louange :** Exalter Dieu pour qui Il est, indépendamment de ce qu'Il fait.

3. La Méditation : Une Réflexion Profonde sur la Parole de Dieu

Qu'est-ce que la méditation ?

La méditation biblique consiste à réfléchir intentionnellement sur les Écritures, les promesses et la nature de Dieu. Elle permet de nourrir notre esprit et de transformer nos pensées.

Pourquoi la méditation est importante :

- **Elle renouvelle notre esprit :**
  "Soyez transformés par le renouvellement de l'intelligence." (Romains 12:2)

- **Elle approfondit notre foi :** Méditer sur les promesses de Dieu fortifie notre confiance en Lui.
- **Elle nous guide :** Par la méditation, Dieu éclaire nos décisions et nous montre Sa volonté.

Comment pratiquer la méditation :

1. **Lire les Écritures :** Choisir un passage et le lire attentivement (Psaume 119:105).
2. **Réfléchir sur le texte :** Se poser des questions : Que dit ce passage sur Dieu ? Que signifie-t-il pour ma vie ?
3. **Écouter Dieu :** Laisser un temps de silence pour que le Saint-Esprit parle à notre cœur.
4. **Appliquer la Parole :** Transformer les leçons tirées de la méditation en actions concrètes.

4. Les Œuvres : Une Foi Mise en Action

Qu'est-ce que les œuvres ?

Les œuvres consistent en des actions concrètes qui témoignent de notre foi et glorifient Dieu. Elles incluent le service aux autres, l'obéissance à Dieu, et la manifestation de fruits spirituels.

Pourquoi les œuvres sont importantes :

- **Elles démontrent notre foi :**
  "Ainsi la foi aussi, si elle n'a pas les œuvres, est morte en elle-même." (Jacques 2:17)

- **Elles glorifient Dieu :**
"*Que votre lumière luise ainsi devant les hommes, afin qu'ils voient vos bonnes œuvres, et glorifient votre Père qui est dans les cieux.*" (Matthieu 5:16)

- **Elles bénissent les autres :** Servir les autres est une expression directe de l'amour de Dieu.

Comment pratiquer les œuvres :

1. **Servir avec amour :** Aider les pauvres, visiter les malades, et encourager les découragés.

2. **Obéir à Dieu :** Suivre Ses commandements dans notre vie quotidienne.

3. **Donner généreusement :** Partager nos ressources pour soutenir l'œuvre de Dieu et aider ceux dans le besoin.

4. **Pratiquer la justice :** Défendre les opprimés et agir avec intégrité dans toutes nos interactions.

Synthèse : Une Adoration Complète

Expression	Focus	Impact
Louange	Proclamer la grandeur et les œuvres de Dieu	Renforce la foi, recentre notre cœur sur Dieu

Prière	Communiquer avec Dieu	Profonde communion, alignement avec Sa volonté
Méditation	Réfléchir sur la Parole et la nature de Dieu	Renouvelle l'esprit, guide nos décisions
Œuvres	Manifester notre foi à travers des actions	Glorifie Dieu, bénit les autres, témoigne de Christ

Conclusion

La louange, la prière, la méditation et les œuvres sont quatre expressions complémentaires de l'adoration. Ensemble, elles permettent d'honorer Dieu avec tout notre être – notre cœur, notre esprit, et nos actions.

Une vie d'adoration complète inclut ces éléments : chanter pour Dieu, Lui parler dans la prière, méditer sur Sa Parole pour mieux Le connaître, et agir pour refléter Son amour. En pratiquant ces expressions, nous vivons une adoration authentique, qui glorifie Dieu dans chaque aspect de notre existence.

L'Importance de l'Obéissance comme Expression Suprême d'Adoration

L'obéissance est une forme essentielle d'adoration qui démontre notre amour et notre révérence envers Dieu. Bien que l'adoration puisse inclure des chants, des prières, et des gestes, l'obéissance va plus loin : elle reflète un engagement profond à honorer Dieu non seulement par nos paroles, mais aussi par notre manière de vivre. Voici pourquoi l'obéissance est considérée comme l'expression suprême d'adoration.

1. L'Obéissance Prouve Notre Amour pour Dieu

Jésus a clairement enseigné que l'obéissance est la preuve de notre amour pour Lui :
"Si vous m'aimez, gardez mes commandements." (Jean 14:15)

L'amour véritable pour Dieu ne se limite pas à des déclarations verbales ou à des expressions extérieures. Il se manifeste par une soumission volontaire à Sa volonté.

Pourquoi c'est important:

- L'obéissance montre que nous reconnaissons Dieu comme notre Seigneur et Maître.
- Elle place Dieu au-dessus de nos propres désirs et priorités.

- Elle démontre un amour sincère qui s'exprime dans l'action, et pas seulement dans l'émotion.

2. L'Obéissance est Plus Précieuse que les Sacrifices

Dans l'Ancien Testament, Dieu a établi les sacrifices comme un moyen pour le peuple d'Israël de se rapprocher de Lui. Cependant, l'histoire de Saül montre que l'obéissance est supérieure aux rituels religieux :
"L'Éternel trouve-t-il du plaisir dans les holocaustes et les sacrifices, comme dans l'obéissance à la voix de l'Éternel ? Voici, l'obéissance vaut mieux que les sacrifices." (1 Samuel 15:22)

Leçon :

- Les rituels ou les actes religieux sont vides s'ils ne sont pas accompagnés d'une obéissance sincère à Dieu.
- Dieu recherche un cœur soumis plutôt que des actions extérieures motivées par la tradition ou la culpabilité.

3. L'Obéissance Glorifie Dieu

L'obéissance rend gloire à Dieu en montrant que nous Lui faisons confiance et que nous reconnaissons Sa sagesse et Sa souveraineté. Elle démontre que nous croyons que Ses plans sont parfaits, même lorsque nous ne comprenons pas Ses voies.

Exemple biblique : Abraham

Abraham a obéi à Dieu en étant prêt à sacrifier son fils Isaac, un acte qui semblait incompréhensible (Genèse 22). Son obéissance a démontré une foi inébranlable et a glorifié Dieu, qui a pourvu un bélier à la place d'Isaac.
"Car maintenant je sais que tu crains Dieu, et que tu ne m'as pas refusé ton fils, ton unique." (Genèse 22:12)

4. L'Obéissance Nous Aligne sur la Volonté de Dieu

L'adoration authentique consiste à rechercher et à accomplir la volonté de Dieu. L'obéissance nous permet de nous aligner sur Son plan, de vivre selon Ses commandements, et de refléter Sa sainteté.

Exemple biblique : Jésus

Jésus Lui-même a montré l'exemple suprême d'obéissance lorsqu'Il a prié dans le jardin de Gethsémané :
"Non pas ma volonté, mais que la tienne soit faite." (Luc 22:42)

Son obéissance jusqu'à la mort sur la croix a été l'acte d'adoration ultime, glorifiant le Père et accomplissant le plan de salut pour l'humanité.
"Il s'est humilié lui-même, se rendant obéissant jusqu'à la mort, même jusqu'à la mort de la croix." (Philippiens 2:8)

5. L'Obéissance Transforme Notre Vie

L'obéissance n'est pas seulement une démonstration extérieure ; elle transforme également notre caractère et notre manière de vivre. En suivant les commandements de Dieu, nous devenons plus semblables à Christ.

Référence biblique :

"Et ne vous conformez pas au siècle présent, mais soyez transformés par le renouvellement de l'intelligence, afin que vous discerniez quelle est la volonté de Dieu." (Romains 12:2)

Comment cela transforme :

- **Renouvellement de l'esprit :** L'obéissance nous pousse à rejeter les normes du monde pour adopter les valeurs divines.
- **Témoignage :** Une vie d'obéissance reflète la lumière de Dieu aux autres (Matthieu 5:16).

6. L'Obéissance Est le Fruit d'une Foi Vivante

L'obéissance est la preuve que notre foi est vivante et active. Jacques enseigne que la foi sans les œuvres est morte (Jacques 2:17). L'obéissance est une réponse naturelle à la foi : si nous croyons en Dieu et en Sa Parole, nous agirons en conséquence.

Exemple biblique : Noé

Noé a construit l'arche par obéissance à Dieu, même s'il n'avait jamais vu de pluie ou de déluge. Sa foi et son obéissance ont sauvé sa famille et glorifié Dieu (Hébreux 11:7).

7. L'Obéissance comme Témoignage d'Adoration

L'obéissance est un témoignage puissant de notre adoration envers Dieu. Lorsque nous suivons Ses commandements, même dans les moments difficiles, nous démontrons à ceux qui nous entourent que Dieu est digne de notre confiance et de notre soumission.

Référence biblique :

"Que votre lumière luise ainsi devant les hommes, afin qu'ils voient vos bonnes œuvres, et glorifient votre Père qui est dans les cieux." (Matthieu 5:16)

8. Les Bénédictions de l'Obéissance

Dieu promet des bénédictions à ceux qui Lui obéissent. Bien que l'obéissance ne soit pas motivée par le désir de récompense, elle ouvre la voie à une vie remplie de paix, de joie, et de satisfaction spirituelle.

Référence biblique :

"Si vous écoutez ces ordonnances, si vous les observez et les mettez en pratique, l'Éternel, ton Dieu, gardera envers toi l'alliance et la miséricorde qu'il a jurées à tes pères." (Deutéronome 7:12)

Comment Cultiver l'Obéissance comme Adoration

1. **Étudier la Parole de Dieu :**
   Comprendre les commandements de Dieu en méditant sur les Écritures.
   "Ta parole est une lampe à mes pieds, et une lumière sur mon sentier." (Psaume 119:105)

2. **Chercher la direction du Saint-Esprit :**
   L'Esprit nous guide dans l'obéissance et nous donne la force de suivre Dieu.
   "Marchez selon l'Esprit, et vous n'accomplirez pas les désirs de la chair." (Galates 5:16)

3. **Prier pour la force d'obéir :**
   Demander à Dieu de nous aider à surmonter nos faiblesses et à rester fidèles à Sa volonté.

4. **Agir avec foi :**
   Même lorsque l'obéissance semble difficile, avancer avec confiance, comme Abraham ou Noé.

5. **Être persévérant :**
   L'obéissance est un processus continu ; elle demande une fidélité quotidienne.

Conclusion

L'obéissance est l'expression suprême d'adoration parce qu'elle démontre un engagement profond et sincère envers Dieu. Elle prouve notre amour, glorifie Sa souveraineté, et témoigne de notre foi vivante. En choisissant d'obéir, nous transformons chaque aspect de notre vie en une offrande sacrée, alignée sur la volonté parfaite de Dieu.

Verset clé :
"Car voici ce que l'Éternel demande de toi : c'est que tu pratiques la justice, que tu aimes la miséricorde, et que tu marches humblement avec ton Dieu." (Michée 6:8)

Exemples Pratiques d'Adoration : Chanter, Servir les Autres, Donner Généreusement

L'adoration ne se limite pas à des moments de culte formels ; elle peut être vécue de manière tangible dans nos actions quotidiennes. Voici comment **chanter**, **servir les autres**, et **donner généreusement** deviennent des expressions pratiques et puissantes d'adoration à Dieu.

1. Chanter : Louer Dieu avec Joie

Pourquoi chanter est une forme d'adoration :

Le chant est une manière d'exprimer notre gratitude, notre admiration, et notre amour envers Dieu. Les Psaumes, souvent appelés "le livre des chants", montrent que chanter est au cœur de l'adoration.

- **Référence biblique :**
  "Célébrez l'Éternel, invoquez son nom ; Faites connaître ses œuvres parmi les peuples ! Chantez en son honneur, célébrez-le par vos louanges !" (Psaume 105:1-2)

Examples pratiques:

1. **Participer au chant dans le culte :**
   Lorsque vous êtes en église, engagez-vous pleinement dans la louange collective.

2. **Chanter en privé :**
   Utilisez des moments de solitude pour chanter à Dieu, que ce soit avec ou sans accompagnement musical.
   "Je chanterai pour l'Éternel, car il m'a fait du bien." (Psaume 13:6)

3. **Créer ou apprendre des chants :**
   Si vous êtes doué en musique, composez des chants de louange. Sinon, apprenez des hymnes ou des chants modernes pour enrichir votre moment de culte personnel.

4. **Inclure la famille :**
   Chanter avec vos enfants ou en famille est une manière de transmettre la foi et d'adorer ensemble.

2. Servir les Autres : Manifester l'Amour de Dieu

Pourquoi servir est une forme d'adoration :

Servir les autres reflète le caractère de Christ, qui a Lui-même pris la posture d'un serviteur. Lorsque nous aidons les autres, nous montrons notre dévotion à Dieu en vivant selon Ses enseignements.

- **Référence biblique :**
  "Car le Fils de l'homme est venu, non pour être servi, mais pour servir et donner sa vie comme la rançon de beaucoup." (Marc 10:45)
  *"Ce que vous avez fait à l'un de ces plus petits de

mes frères, c'est à moi que vous l'avez fait." (Matthieu 25:40)

Examples pratiques:

1. **Aider dans l'église :**
   Offrez votre temps pour aider dans les ministères : accueil, musique, soutien logistique, ou enseignement des enfants.

2. **Soutenir les démunis :**
   Participez à des œuvres de charité locales ou internationales, comme distribuer de la nourriture, visiter les malades, ou aider les sans-abri.

3. **Encourager et soutenir :**
   Appelez une personne isolée, écoutez ceux qui traversent des épreuves, ou encouragez un collègue au travail.

4. **Offrir vos compétences :**
   Si vous avez des talents spécifiques (construction, cuisine, gestion), utilisez-les pour bénir votre communauté.
   "Servez l'Éternel avec joie ; venez avec allégresse en sa présence." (Psaume 100:2)

3. Donner Généreusement : Partager ce que Dieu Nous a Confié

Pourquoi donner est une forme d'adoration :

Donner généreusement reflète notre reconnaissance pour les bénédictions de Dieu et notre confiance en Sa provision. C'est aussi une manière de participer à l'avancement de Son royaume.

- **Référence biblique :**
  "Donne à celui qui te demande, et ne te détourne pas de celui qui veut emprunter de toi." (Matthieu 5:42)
  "Car Dieu aime celui qui donne avec joie." (2 Corinthiens 9:7)

Exemples pratiques :

1. **Soutenir l'église :**
   Contribuez financièrement à votre église locale pour soutenir ses ministères, ses missions, et ses projets.

2. **Aider les nécessiteux :**
   Faites des dons en argent ou en nature à des organisations qui aident les pauvres, les réfugiés, ou les victimes de catastrophes.

3. **Offrir des biens matériels :**
   Partagez des vêtements, de la nourriture, ou d'autres ressources avec ceux qui en ont besoin.

4. **Planifier des dons réguliers :**
   Établissez un budget qui inclut une part consacrée à la générosité, en gardant à l'esprit que tout ce que nous possédons vient de Dieu.
   "L'Éternel a donné, et l'Éternel a ôté ; que le nom de l'Éternel soit béni !" (Job 1:21)

Synthèse : Un Style de Vie d'Adoration

Expression	Exemples pratiques	Impact spirituel
Chanter	Louange personnelle ou collective, composer des chants, chanter en famille.	Renforce la foi, recentre le cœur sur Dieu, exprime la gratitude.
Servir	Aider dans l'église, soutenir les pauvres, encourager les autres, utiliser ses compétences pour bénir.	Reflète l'amour de Dieu, témoigne de la foi, bénit les autres.
Donner	Soutenir l'église, aider les nécessiteux, planifier des dons réguliers, offrir des biens matériels.	Montre la reconnaissance envers Dieu, participe à l'avancement du royaume de Dieu.

Conclusion

Ces expressions pratiques – **chanter**, **servir les autres**, et **donner généreusement** – illustrent comment l'adoration peut transcender les moments formels pour devenir un style de vie. Elles démontrent que l'adoration véritable ne se limite pas à ce que nous disons ou chantons, mais s'incarne dans ce que nous faisons pour glorifier Dieu et bénir les autres.

En adoptant ces pratiques, nous témoignons de notre amour pour Dieu, renforçons notre foi, et contribuons à Son œuvre sur la terre, tout en vivant une vie qui honore et reflète Sa gloire.

Chapitre 5

Les Faux Modèles d'Adoration

Les Dangers de l'Idolâtrie Moderne : Carrière, Possessions, Relations

L'idolâtrie est souvent associée aux statues ou aux dieux païens dans la Bible, mais sa réalité va bien au-delà. À notre époque, l'idolâtrie prend des formes plus subtiles et insidieuses : la carrière, les possessions matérielles, ou même les relations peuvent devenir des idoles. Une idole est tout ce qui prend la première place dans notre cœur, remplaçant Dieu comme notre source ultime de sens, de sécurité, et d'accomplissement.

Voici une analyse des dangers de ces formes d'idolâtrie moderne, ainsi que des moyens de les reconnaître et de les éviter.

1. L'Idolâtrie de la Carrière

Le danger : La quête de succès au détriment de Dieu

Dans un monde qui valorise la réussite professionnelle et l'ambition, il est facile de transformer la carrière en une idole. Les longs horaires, la recherche constante de promotions, et l'obsession du statut peuvent éclipser notre relation avec Dieu et nous détourner de nos priorités spirituelles.

- **Référence biblique :**
  "Et que sert-il à un homme de gagner tout le monde, s'il perd son âme ?" (Marc 8:36)

Conséquences de cette idolâtrie :

1. **Négligence de la relation avec Dieu :** La carrière devient un substitut à notre adoration, occupant tout notre temps et notre énergie.

2. **Érosion des relations :** Les relations familiales et amicales souffrent souvent lorsque la carrière prend le dessus.

3. **Insatisfaction constante :** Même après avoir atteint des objectifs professionnels, un vide persiste, car seul Dieu peut réellement combler notre cœur.

Solution:

- **Prioriser Dieu :** Rappelez-vous que votre identité ne repose pas sur votre titre ou vos réalisations, mais sur votre relation avec Christ.
  "Cherchez premièrement le royaume et la justice de Dieu, et toutes ces choses vous seront données par-dessus." (Matthieu 6:33)

- **Équilibrer travail et foi :** Considérez votre travail comme une opportunité de glorifier Dieu, mais ne le laissez pas devenir le centre de votre vie.

2. L'Idolâtrie des Possessions

Le danger : La recherche de richesse et de biens matériels

L'amour des possessions est l'une des formes d'idolâtrie les plus courantes aujourd'hui. Nous vivons dans une société de consommation qui nous pousse à toujours vouloir plus – une plus grande maison, une meilleure voiture, ou les derniers gadgets.

- **Référence biblique :**
  "Car l'amour de l'argent est une racine de tous les maux ; et quelques-uns, en le convoitant, se sont égarés loin de la foi." (1 Timothée 6:10)

Conséquences de cette idolâtrie :

1. **Esclavage financier :** La poursuite de possessions entraîne souvent des dettes, du stress, et une anxiété constante.

2. **Ingratitude :** En se concentrant sur ce que nous n'avons pas, nous oublions de remercier Dieu pour ce que nous avons déjà.

3. **Détournement des priorités :** La poursuite de richesses et de confort peut nous empêcher de donner généreusement ou de nous consacrer à des œuvres spirituelles.

Solution:

- **Rechercher la satisfaction en Dieu :** Apprenez à être reconnaissant pour ce que vous avez et rappelez-vous que les biens matériels sont temporaires.
  "Ne vous amassez pas des trésors sur la terre, où la teigne et la rouille détruisent." (Matthieu 6:19)

- **Pratiquer la générosité :** Partager vos ressources avec les autres est une manière de rejeter l'idolâtrie des possessions et de glorifier Dieu.

3. L'Idolâtrie des Relations

Le danger : Placer des personnes au-dessus de Dieu

Les relations – qu'il s'agisse de notre conjoint, de nos enfants, ou même d'amis proches – peuvent facilement devenir des idoles. Lorsque nous dépendons d'une relation pour notre identité ou notre bonheur ultime, nous risquons de déplacer Dieu de la première place dans notre vie.

- **Référence biblique :**
  "Tu aimeras le Seigneur, ton Dieu, de tout ton cœur, de toute ton âme, et de toute ta pensée." (Matthieu 22:37)

Conséquences de cette idolâtrie :

1. **Dépendance malsaine :** Attendre d'une personne qu'elle remplisse un rôle que seul Dieu peut jouer mène à des déceptions et à des relations déséquilibrées.

2. **Détournement de notre adoration :** Lorsque nous aimons quelqu'un plus que Dieu, nous risquons de compromettre nos valeurs spirituelles.

3. **Perte d'équilibre spirituel :** Une relation idolâtrée peut nous éloigner de Dieu, car nous

investissons tout notre temps et notre énergie dans cette personne.

Solution:

- **Mettre Dieu en premier :** Aimez les autres profondément, mais gardez Dieu comme la priorité absolue de votre cœur.
  "Celui qui aime son père ou sa mère plus que moi n'est pas digne de moi." (Matthieu 10:37)
- **Trouver son identité en Christ :** Reconnaissez que votre valeur ultime repose sur votre relation avec Dieu, et non sur les attentes ou l'approbation des autres.

Reconnaître et Combattre l'Idolâtrie Moderne

Signes que quelque chose est devenu une idole :

1. Cela consomme votre temps, vos pensées, et vos émotions au détriment de votre relation avec Dieu.
2. Vous êtes prêt à compromettre vos valeurs spirituelles pour l'obtenir ou le maintenir.
3. Votre satisfaction et votre bonheur dépendent de cet élément.

Comment combattre l'idolâtrie :

1. **Examinez votre cœur :** Demandez au Saint-Esprit de révéler les idoles dans votre vie.
  "Sonde-moi, ô Dieu, et connais mon cœur !

Éprouve-moi, et connais mes pensées !" (Psaume 139:23)

2. **Repentez-vous :** Abandonnez toute chose qui a pris la place de Dieu dans votre vie.

3. **Recherchez Dieu en priorité :** Consacrez du temps chaque jour à la prière, à la méditation, et à l'adoration.

4. **Redéfinissez vos priorités :** Assurez-vous que votre carrière, vos possessions, et vos relations sont soumises à la volonté de Dieu.

Conclusion : L'Appel à une Adoration Pure

L'idolâtrie moderne est subtile, mais ses dangers sont réels. Que ce soit à travers la carrière, les possessions, ou les relations, tout ce qui prend la place de Dieu dans nos cœurs nous éloigne de notre véritable appel : adorer le Seigneur de tout notre cœur, de toute notre âme, et de toute notre pensée.

L'adoration véritable consiste à placer Dieu au centre de tout, à vivre pour Sa gloire, et à Lui offrir notre confiance, notre temps, et notre affection suprêmes.

Verset clé :
"Tu n'auras pas d'autres dieux devant ma face." (Exode 20:3)

La Critique des Pratiques Religieuses sans Relation avec Dieu *(Ésaïe 29 :13)*

Dans **Ésaïe 29 :13**, Dieu adresse une critique sévère aux pratiques religieuses de Son peuple, qui, bien qu'exécutées avec une apparence de piété, manquent d'une véritable relation avec Lui. Ce verset met en lumière le danger des rituels religieux vides, où les cœurs restent éloignés de Dieu.

"Ce peuple s'approche de moi de la bouche et m'honore des lèvres, mais son cœur est éloigné de moi, et la crainte qu'il a de moi n'est qu'un précepte de tradition humaine." *(Ésaïe 29:13)*

1. Le Context d'Ésaïe 29:13

- Le prophète Ésaïe transmet les paroles de Dieu à Israël, qui vivait une religiosité superficielle. Bien qu'ils offrissent des sacrifices et suivaient les rituels prescrits par la Loi, leur adoration était purement mécanique, sans engagement sincère.

- Ce problème de façade religieuse ne concernait pas seulement Israël ; il est universel et toujours d'actualité.

2. Une Adoration des Lèvres, Pas du Cœur

Le problème : Une distance entre les paroles et le cœur

Dieu reproche à Son peuple de L'honorer "de la bouche" tout en ayant un cœur éloigné de Lui. En d'autres termes, leurs paroles religieuses étaient déconnectées de leurs pensées, de leurs désirs et de leur engagement envers Lui.

Caractéristiques des pratiques religieuses sans relation avec Dieu :

1. **Rituels sans sincérité :** Les actions religieuses (prières, chants, sacrifices) sont effectuées comme des obligations ou des habitudes, sans un cœur sincère.

2. **Apparence :** L'accent est mis sur ce qui est visible pour les hommes, plutôt que sur une véritable adoration dirigée vers Dieu.

3. **Focalisation sur les traditions humaines :** Au lieu de suivre la volonté de Dieu, les pratiques sont dictées par des coutumes ou des préceptes humains.
   "La crainte qu'il a de moi n'est qu'un précepte de tradition humaine."

Application contemporaine :

- Participer à des cultes uniquement par routine ou obligation.

- Réciter des prières sans conviction, comme des formules apprises par cœur.

- Se conformer aux pratiques religieuses pour impressionner ou satisfaire les autres.

3. La Critique de Jésus : La Continuité du Problème

Dans le Nouveau Testament, Jésus cite **Ésaïe 29:13** pour dénoncer l'hypocrisie des pharisiens et des scribes :
"Ce peuple m'honore des lèvres, mais son cœur est éloigné de moi. C'est en vain qu'ils m'honorent, en enseignant des préceptes qui sont des commandements d'hommes." *(Matthieu 15:8-9)*

Les pratiques dénoncées par Jésus:

1. **Une religion basée sur des règles humaines :** Les pharisiens ajoutaient des traditions et des commandements qui éloignaient les gens de la véritable adoration.

2. **L'hypocrisie :** Leur piété extérieure cachait des cœurs remplis d'orgueil et d'injustice (Matthieu 23:27-28).

3. **Ignorance de l'essentiel :** Ils négligeaient les aspects fondamentaux de la Loi – la justice, la miséricorde, et la fidélité – tout en respectant minutieusement les détails insignifiants (Matthieu 23:23).

Application contemporaine :

- Mettre les traditions d'église au-dessus des enseignements bibliques.

- Critiquer les autres pour ne pas suivre des normes humaines tout en ignorant les principes fondamentaux de la foi chrétienne (amour, pardon, justice).

- Être plus préoccupé par l'apparence religieuse que par une véritable transformation intérieure.

4. Les Dangers des Pratiques Religieuses Sans Relation avec Dieu

1. Une adoration vaine

Lorsque les pratiques religieuses ne sont pas accompagnées d'un cœur sincère, elles deviennent inutiles aux yeux de Dieu.

- *"Ce ne sont pas tous ceux qui me disent : Seigneur, Seigneur ! qui entreront dans le royaume des cieux, mais celui-là seul qui fait la volonté de mon Père."* (Matthieu 7:21)

2. Un détournement de la foi

Mettre l'accent sur des rituels sans relation avec Dieu éloigne de la vraie foi et de la vie spirituelle authentique. Cela peut aussi conduire les autres à rejeter Dieu, voyant les croyants comme hypocrites.

3. Une séparation d'avec Dieu

Lorsque le cœur est éloigné de Dieu, même les actes religieux ne peuvent restaurer la communion avec Lui.

- *"Ce sont vos fautes qui mettent une séparation entre vous et votre Dieu."* (Ésaïe 59:2)

5. Les Signes d'une Relation Authentique avec Dieu

Contrairement aux pratiques religieuses vides, une relation authentique avec Dieu se manifeste par une adoration sincère et vivante. Voici quelques signes :

1. **Un cœur transformé :**
   L'adoration authentique commence par une transformation intérieure, guidée par l'amour pour Dieu.
   - *"L'heure vient, et elle est déjà venue, où les vrais adorateurs adoreront le Père en esprit et en vérité."* (Jean 4:23)

2. **L'obéissance :**
   Une véritable relation avec Dieu se reflète dans une vie d'obéissance à Sa volonté.
   - *"Si vous m'aimez, gardez mes commandements."* (Jean 14:15)

3. **La sincérité :**
   L'adoration est marquée par des prières, des chants, et des actes qui viennent du cœur, et non par des habitudes mécaniques.

4. **Un amour pour les autres :**
   Une relation réelle avec Dieu produit de l'amour et de la compassion pour les autres.
   - *"Voici ce que je vous commande : aimez-vous les uns les autres."* (Jean 15:17)

6. Comment Éviter les Pratiques Religieuses Vides

1. **Cherchez une communion réelle avec Dieu :**
   Passez du temps dans la prière, la lecture de la Parole, et la méditation pour cultiver une relation personnelle avec Dieu.

2. **Examinez votre cœur :**
   Demandez à Dieu de révéler vos motivations pour vos actes religieux. Êtes-vous poussé par un amour sincère ou par une obligation extérieure ?
   - *"Sonde-moi, ô Dieu, et connais mon cœur !"* (Psaume 139:23)

3. **Mettez l'accent sur l'essentiel :**
   Concentrez-vous sur les enseignements fondamentaux de la foi – aimer Dieu et aimer les autres (Matthieu 22 :37-40).

4. **Rejetez l'hypocrisie :**
   Vivez ce que vous professez. Laissez votre foi se refléter dans vos actions quotidiennes.

Conclusion : Une Adoration Qui Honore Dieu

Ésaïe 29 :13 nous met en garde contre une adoration qui n'est qu'apparence. Les pratiques religieuses sans relation avec Dieu sont vaines et ne plaisent pas à Lui. Ce que Dieu recherche, ce sont des cœurs sincères, humbles, et transformés.

Adorer Dieu, ce n'est pas seulement réciter des prières ou accomplir des rituels, mais vivre chaque jour en communion avec Lui, en alignant nos pensées, nos paroles, et nos actions sur Sa volonté. Recherchons une relation profonde avec Dieu, qui dépasse les traditions humaines, pour devenir des vrais adorateurs "en esprit et en vérité" (Jean 4 :23).

Comment Discerner et Rejeter les Formes d'Adoration qui ne Plaisent pas à Dieu

Dieu recherche une adoration authentique, fondée sur **l'Esprit et la Vérité** (Jean 4 :23-24). Cependant, de nombreuses formes d'adoration, bien qu'elles puissent paraître pieuses à l'extérieur, ne plaisent pas à Dieu lorsqu'elles manquent de sincérité, de fondement biblique, ou qu'elles sont motivées par des désirs égoïstes. Voici comment discerner et rejeter ces formes d'adoration.

1. Critères pour Discerner les Formes d'Adoration qui ne Plaisent pas à Dieu

1.1. Une Adoration qui N'est pas Centrée sur Dieu

Une adoration qui se concentre sur des traditions humaines, des rituels mécaniques, ou l'apparence, plutôt que sur Dieu, ne Lui plaît pas.

- **Référence biblique :**
  "Ce peuple m'honore des lèvres, mais son cœur est éloigné de moi." (Ésaïe 29 :13)
  Cela inclut des pratiques où les gestes religieux remplacent une véritable relation avec Dieu.

1.2. Une Adoration Non Conforme à la Parole de Dieu

Toute adoration qui contredit les enseignements bibliques ou introduit des éléments étrangers (idoles, fausses doctrines) est rejetée par Dieu.

- **Référence biblique :**
  "Tu n'auras pas d'autres dieux devant ma face. Tu ne te feras point d'image taillée." (Exode 20:3-4)

Exemple : L'épisode du veau d'or (Exode 32) montre que même une adoration accompagnée de sacrifices peut déplaire à Dieu si elle s'écarte de Ses commandements.

1.3. Une Adoration Motivée par des Intérêts Égoïstes

Lorsque l'adoration devient un moyen d'obtenir des bénédictions, de paraître spirituel, ou de satisfaire des ambitions personnelles, elle perd sa valeur devant Dieu.

- **Référence biblique :**
  "Vous demandez, et vous ne recevez pas, parce que vous demandez mal, dans le but de satisfaire vos passions." (Jacques 4:3)

1.4. Une Adoration Hypocrite

Dieu rejette les pratiques religieuses qui ne sont qu'une façade extérieure sans transformation intérieure.

- **Référence biblique :**
  "Car ce ne sont pas tous ceux qui me disent : Seigneur, Seigneur ! qui entreront dans le royaume des cieux, mais celui-là seul qui fait la volonté de mon Père." (Matthieu 7:21)

Exemple : Les Pharisiens, que Jésus accuse d'être comme des sépulcres blanchis : beaux à l'extérieur mais corrompus à l'intérieur (Matthieu 23 :27).

2. Comment Rejeter les Formes d'Adoration qui ne Plaisent pas à Dieu

2.1. Examinez vos Motivations

Posez-vous des questions honnêtes :

- Pourquoi adorez-vous Dieu?
- Cherchez-vous à plaire à Dieu ou à impressionner les autres ?
- Est-ce une véritable adoration ou une obligation sociale ?

Solution:

- Priez pour un cœur sincère.
  "Sonde-moi, ô Dieu, et connais mon cœur ! Éprouve-moi, et connais mes pensées." (Psaume 139:23)

2.2. Alignez votre Adoration sur la Parole de Dieu

Étudiez les Écritures pour comprendre ce que Dieu attend de l'adoration. Tout ce qui n'est pas conforme à la Bible doit être rejeté.

Solution:

- Méditez sur des passages comme Jean 4 :23-24 et Romains 12 :1.
- Assurez-vous que vos pratiques sont fondées sur la vérité biblique, et non sur des traditions ou des innovations humaines.

2.3. Priorisez une Relation avec Dieu

Une relation personnelle et vivante avec Dieu est le fondement de toute adoration authentique. Si votre adoration se limite à des rituels ou à des moments spécifiques, elle manque de profondeur.

Solution:

- Passez du temps chaque jour dans la prière, la méditation, et la lecture de la Parole.
- Cherchez à connaître Dieu davantage, et laissez cette connaissance nourrir votre adoration.

2.4. Rejetez les Idoles Modernes

Identifiez tout ce qui peut prendre la place de Dieu dans votre cœur – carrière, possessions, relations – et soumettez-les à Dieu.

Solution:

- Renoncez à toute dépendance ou obsession pour des choses matérielles ou humaines.
- Priez pour que Dieu reste votre priorité :
  "Tu aimeras le Seigneur, ton Dieu, de tout ton cœur, de toute ton âme et de toute ta pensée." (Matthieu 22:37)

2.5. Adoptez une Attitude d'Obéissance

Dieu désire une obéissance sincère, qui reflète un cœur soumis à Sa volonté. Une adoration qui ignore les commandements de Dieu est inutile.

Solution:

- Cherchez à vivre selon les enseignements de Dieu dans tous les aspects de votre vie.
"Si vous m'aimez, gardez mes commandements." (Jean 14:15)

2.6. Soyez Sincère dans Votre Adoration

Dieu regarde au cœur, pas à l'apparence. Toute hypocrisie ou duplicité doit être abandonnée.

Solution:

- Engagez-vous pleinement, avec un cœur sincère, dans vos moments de louange et d'adoration.
- Repentez-vous des moments où votre adoration était superficielle ou motivée par autre chose que l'amour pour Dieu.

3. Une Adoration qui Plaît à Dieu : En Esprit et en Vérité

3.1. En Esprit

Adorer en esprit signifie que votre adoration est vivifiée par le Saint-Esprit et engage votre cœur, votre âme, et vos pensées. Elle va au-delà des gestes extérieurs pour toucher les profondeurs de votre être.

3.2. En Vérité

Adorer en vérité signifie aligner votre adoration sur la Parole de Dieu. Elle repose sur une compréhension claire de qui est Dieu et sur une connaissance de Ses attentes.

4. Une Vie d'Adoration Authentique : Des Exemples Pratiques

1. **Recherchez une relation vivante avec Dieu :** Faites de votre relation avec Lui une priorité absolue.
2. **Obéissez à Sa Parole :** Vivez selon Ses commandements et laissez votre vie entière refléter Sa gloire (Romains 12 :1).
3. **Rejetez les rituels sans cœur :** Ne vous contentez pas de routines religieuses ; engagez-vous sincèrement dans chaque acte d'adoration.
4. **Soyez reconnaissant :** Adorez Dieu avec un cœur plein de gratitude pour ce qu'Il a fait et continue de faire dans votre vie.

Conclusion : Une Adoration qui Honore Dieu

Pour discerner et rejeter les formes d'adoration qui ne plaisent pas à Dieu, il est essentiel de cultiver une relation sincère et vivante avec Lui, de rechercher Sa volonté dans Sa Parole, et d'aligner chaque aspect de notre vie sur Ses principes.

Verset clé :
"L'heure vient, et elle est déjà venue, où les vrais

adorateurs adoreront le Père en esprit et en vérité ; car ce sont là les adorateurs que le Père demande." (Jean 4 :23)

Que notre adoration soit toujours marquée par la sincérité, l'obéissance, et l'amour profond pour Dieu, afin qu'elle soit agréable à Ses yeux et qu'elle glorifie Son saint nom.

Chapitre 6

L'Adoration et la Communauté

Le Rôle de l'Église dans l'Adoration Collective

L'Église joue un rôle central dans l'adoration collective. En tant que communauté de croyants, elle est un lieu où l'on se rassemble pour adorer Dieu, proclamer Sa gloire, et encourager les uns les autres à vivre une vie consacrée à Lui. L'adoration collective au sein de l'Église est essentielle, car elle reflète l'unité du corps de Christ et offre une opportunité unique de grandir spirituellement ensemble.

1. L'Église comme Lieu d'Adoration Collective

L'importance biblique du rassemblement

Dieu appelle Son peuple à se rassembler pour L'adorer ensemble. Dès l'Ancien Testament, l'adoration collective est un élément central de la vie spirituelle. Dans le Nouveau Testament, l'Église devient le cadre principal pour l'adoration commune.

- **Références bibliques :**
    - *"Car là où deux ou trois sont assemblés en mon nom, je suis au milieu d'eux."* (Matthieu 18:20)
    - *"N'abandonnons pas notre assemblée, comme c'est la coutume de quelques-uns, mais exhortons-nous réciproquement."* (Hébreux 10:25

L'Église comme communauté d'adorateurs

L'Église est un rassemblement de croyants unis par la foi en Christ. Ensemble, ils expriment leur amour pour Dieu à travers des chants, des prières, la proclamation de la Parole, et les sacrements.

2. Les Objectifs de l'Adoration Collective

2.1. Glorifier Dieu

L'objectif principal de l'adoration collective est d'exalter Dieu. Lorsque les croyants se rassemblent, ils déclarent ensemble la grandeur, la sainteté, et la fidélité de Dieu.

- **Référence biblique :**
  "Louez l'Éternel, car il est bon, car sa miséricorde dure à toujours !" (Psaume 136:1)

2.2. Fortifier la foi des croyants

L'adoration collective nourrit la foi et encourage les croyants dans leur marche avec Dieu. En entendant les témoignages, en chantant les louanges, et en méditant la Parole, les fidèles sont renforcés spirituellement.

- **Référence biblique :**
  "Que la parole de Christ habite en vous abondamment ; instruisez-vous et exhortez-vous les uns les autres en toute sagesse." (Colossiens 3:16)

2.3. Manifester l'unité du corps de Christ

L'adoration collective exprime l'unité spirituelle du corps de Christ, malgré les différences culturelles, sociales, ou économiques. En Christ, tous les croyants sont égaux et se rassemblent pour adorer un seul Dieu.

- **Référence biblique :**
  "Il n'y a plus ni Juif ni Grec, il n'y a plus ni esclave ni libre, il n'y a plus ni homme ni femme ; car vous êtes tous un en Jésus-Christ." (Galates 3:28)

2.4. Préfigurer l'adoration éternelle

L'adoration collective dans l'Église est une anticipation de l'adoration céleste décrite dans l'Apocalypse, où une multitude de croyants adoreront Dieu pour l'éternité.

- **Référence biblique :**
  "Je regardai, et voici, il y avait une grande foule, que personne ne pouvait compter, de toute nation, de toute tribu, de tout peuple, et de toute langue ; ils se tenaient devant le trône et devant l'Agneau." (Apocalypse 7:9)

3. Les Composantes de l'Adoration Collective dans l'Église

3.1. La Louange et le Chant

Le chant est une expression universelle d'adoration. Dans l'Église, il permet de proclamer la gloire de Dieu, d'exprimer la gratitude, et d'enseigner des vérités spirituelles.

- **Référence biblique :**
  "Chantez à l'Éternel un cantique nouveau ; chantez à l'Éternel, vous tous, habitants de la terre !" (Psaume 96:1)

3.2. La Prière

La prière collective est une autre composante clé de l'adoration. Elle unit les croyants dans la dépendance envers Dieu et dans l'intercession pour les besoins de la communauté.

- **Référence biblique :**
  "Ils persévéraient dans la doctrine des apôtres, dans la communion fraternelle, dans la fraction du pain, et dans les prières." (Actes 2:42)

3.3. La Prédication et la Méditation de la Parole

La proclamation de la Parole de Dieu est centrale dans l'adoration collective. Elle édifie les croyants, corrige, enseigne, et guide dans la vérité.

- **Référence biblique :**
  "Toute Écriture est inspirée de Dieu, et utile pour enseigner, pour convaincre, pour corriger, pour instruire dans la justice." (2 Timothée 3:16)

3.4. Les Sacrements (Baptême et Sainte-Cène)

Les sacrements sont des moments d'adoration sacrée où les croyants se souviennent de l'œuvre rédemptrice de Christ et renouvellent leur engagement envers Lui.

- **Référence biblique :**
  "Faites ceci en mémoire de moi." (Luc 22:19)

3.5. Le Témoignage et l'Encouragement

Le partage de témoignages et l'encouragement mutuel dans l'Église renforcent la foi et rappellent que Dieu agit dans la vie de chacun.

- **Référence biblique :**
  "Exhortez-vous les uns les autres chaque jour." (Hébreux 3:13)

4. Les Bénéfices de l'Adoration Collective

1. **Une Communion Spirituelle :** L'adoration collective renforce le sentiment d'appartenance à la famille de Dieu.

2. **Une Croissance Spirituelle :** Les croyants sont édifiés par l'enseignement, les prières, et les louanges partagées.

3. **Un Témoignage au Monde :** L'unité et la passion dans l'adoration collective témoignent de la gloire de Dieu aux non-croyants.

4. **Un Renouvellement de l'âme :** L'adoration collective rafraîchit et renouvelle l'esprit, offrant une pause dans les luttes du quotidien.

5. Les Défis de l'Adoration Collective

5.1. Le Danger de l'Habitude

Il est facile de tomber dans une routine où l'adoration devient mécanique, perdant ainsi sa profondeur spirituelle.

5.2. Les Distractions

Les préoccupations personnelles ou les tensions relationnelles peuvent perturber la concentration des croyants pendant l'adoration.

5.3. La Superficialité

L'accent mis sur la performance musicale ou sur l'apparence peut détourner l'attention de l'objectif principal : glorifier Dieu.

Solutions :

- Se préparer spirituellement avant le culte, par la prière et la méditation.
- Participer activement avec un cœur sincère, sans se focaliser sur les aspects externes.
- Favoriser une culture d'humilité et de centrage sur Christ dans l'Église.

6. Le Rôle de l'Église dans la Formation des Adorateurs

L'Église ne se limite pas à offrir un lieu pour l'adoration collective ; elle est également responsable de former des adorateurs.

Comment l'Église forme des adorateurs :

1. **En enseignant la Parole de Dieu :** Pour comprendre ce que Dieu attend de l'adoration (Jean 4 :23-24).

2. **En encourageant l'adoration personnelle :** Motiver les croyants à adorer Dieu individuellement en dehors du rassemblement.

3. **En cultivant l'unité spirituelle :** En créant un environnement où tous se sentent inclus et valorisés.

Conclusion

L'adoration collective est une expression essentielle de la vie de l'Église. Elle permet de glorifier Dieu ensemble, d'encourager les croyants, et de manifester l'unité du corps de Christ. En cultivant une adoration centrée sur l'Esprit et la Vérité, l'Église remplit sa mission de former des disciples qui honorent Dieu dans toutes les dimensions de leur vie.

Verset clé :
"Je me réjouis quand on me dit : Allons à la maison de l'Éternel !" (Psaume 122 :1)

Que l'Église continue d'être un lieu où Dieu est exalté et où les cœurs sont transformés pour Sa gloire.

Pourquoi Dieu Valorise l'Unité dans l'Adoration

Dieu valorise l'unité dans l'adoration car elle reflète Sa nature, Son dessein pour l'humanité, et Sa vision pour l'Église. L'adoration unifiée des croyants manifeste l'harmonie spirituelle voulue par Dieu, glorifie Son nom, et renforce le témoignage de Son peuple dans le monde. Voici une exploration des raisons pour lesquelles l'unité est essentielle et précieuse dans l'adoration.

1. L'Unité dans l'Adoration Reflète la Nature de Dieu

Dieu est Un et Trine

L'unité dans l'adoration reflète la nature même de Dieu. Dieu existe dans une parfaite unité au sein de la Trinité : le Père, le Fils, et le Saint-Esprit. Cette unité divine est le modèle de l'unité que Dieu désire voir dans l'Église.

- **Référence biblique :**
  "*Écoute, Israël ! L'Éternel, notre Dieu, est le seul Éternel.*" (Deutéronome 6:4)
  "*Afin que tous soient un, comme toi, Père, tu es en moi, et comme je suis en toi.*" (Jean 17:21)

Implication:

Lorsque les croyants adorent dans l'unité, ils reflètent la communion et l'harmonie parfaites de Dieu Lui-même. Cela glorifie Dieu en montrant Son caractère au monde.

2. L'Unité dans l'Adoration Accomplit le Désir de Dieu pour Son Peuple

Dieu a toujours voulu un peuple uni pour L'adorer

Dès l'Ancien Testament, Dieu a appelé Israël à L'adorer comme un peuple uni. Dans le Nouveau Testament, cette vision s'étend à l'Église, où les croyants de toutes nations, tribus, et langues sont appelés à adorer ensemble.

- **Référence biblique :**
  "Mais vous êtes une race élue, un sacerdoce royal, une nation sainte, un peuple acquis, afin que vous annonciez les vertus de celui qui vous a appelés des ténèbres à son admirable lumière." (1 Pierre 2:9)
  "Je leur donnerai un même cœur et une même voie, afin qu'ils me craignent toujours." (Jérémie 32:39)

Implication:

L'adoration unifiée montre que les croyants partagent un même but : glorifier Dieu. Cela accomplit le plan de Dieu de rassembler un peuple uni pour Le servir et L'exalter.

3. L'Unité dans l'Adoration Glorifie Dieu

L'unité magnifie la gloire de Dieu

Lorsque les croyants adorent Dieu dans l'unité, cela reflète la puissance de l'Évangile qui transcende les divisions culturelles, sociales, et personnelles. Une telle adoration unifiée exalte Dieu de manière encore plus éclatante.

- **Référence biblique :**
  "Que tous soient un, comme toi, Père, tu es en moi, et comme je suis en toi... afin que le monde croie que tu m'as envoyé." (Jean 17:21)

Exemple biblique :

Dans **Apocalypse 7 :9-10**, une multitude de toutes nations et tribus adore Dieu ensemble :
"Ils criaient d'une voix forte, disant : Le salut est à notre Dieu qui est assis sur le trône, et à l'Agneau."
Cela montre que Dieu est glorifié de manière particulière lorsque Son peuple uni L'adore.

4. L'Unité dans l'Adoration Témoigne au Monde

Une adoration unie est un témoignage puissant

Dans un monde marqué par la division et le conflit, l'unité dans l'adoration offre un témoignage clair et attrayant de l'amour, de la paix, et de la réconciliation que Dieu offre à travers Christ.

- **Référence biblique :**
  "A ceci tous connaîtront que vous êtes mes

disciples, si vous avez de l'amour les uns pour les autres." (Jean 13:35)

Exemple : L'Église primitive

Dans Actes 2 :42-47, les premiers croyants adoraient Dieu dans l'unité, partageant tout et vivant en harmonie. Leur unité attirait les autres à Christ, et "le Seigneur ajoutait chaque jour à l'Église ceux qui étaient sauvés."

Implication :

L'unité dans l'adoration montre au monde que le peuple de Dieu est différent : uni par l'amour et guidé par un même Esprit.

5. L'Unité Renforce l'Église dans Son Adoration

L'unité édifie les croyants

Lorsque l'Église adore Dieu dans l'unité, elle encourage la foi de chacun. Les chants, les prières, et les témoignages partagés lors de l'adoration collective fortifient la communion spirituelle et rapprochent les croyants les uns des autres.

- **Référence biblique :**
  "Exhortez-vous les uns les autres, et édifiez-vous mutuellement." (1 Thessaloniciens 5:11)

Exemple: L'Église d'Antioche

Dans Actes 13 :1-3, les leaders de l'Église d'Antioche adoraient Dieu ensemble avec un cœur uni. Cette unité a conduit à une direction claire de l'Esprit Saint, qui les a appelés à envoyer Paul et Barnabas en mission.

Implication :

Une Église unie dans l'adoration est spirituellement plus forte et capable d'accomplir la mission que Dieu lui confie.

6. L'Unité Prépare pour l'Adoration Éternelle

L'unité dans l'adoration sur terre anticipe l'adoration au ciel

L'adoration unie sur terre est une préparation pour l'adoration céleste, où tous les rachetés adoreront Dieu ensemble pour l'éternité.

- **Référence biblique :**
  "Toutes les nations que tu as faites viendront et se prosterneront devant ta face, Seigneur, et elles glorifieront ton nom." (Psaume 86:9)

Exemple : La Vision de Jean dans l'Apocalypse

Dans Apocalypse 5:13, toute la création adore Dieu :
"Et toutes les créatures qui sont dans le ciel, sur la terre, sous la terre, sur la mer, et tout ce qui s'y trouve, je les entendis qui disaient : À celui qui est assis sur le trône, et à l'Agneau soient la louange, l'honneur, la gloire, et la force, aux siècles des siècles !"

7. Comment Cultiver l'Unité dans l'Adoration

1. Centrer l'adoration sur Dieu

Assurez-vous que l'adoration est focalisée sur Dieu et non sur des préférences personnelles ou des divisions.

- **Référence :**
  "Il faut qu'il croisse, et que je diminue." (Jean 3:30)

2. Pratiquer l'amour fraternel

Encouragez l'amour et le pardon parmi les croyants, en surmontant les conflits et les divisions.

- **Référence :**
  "Supportez-vous les uns les autres, et si l'un a sujet de se plaindre de l'autre, pardonnez-vous réciproquement." (Colossiens 3:13)

3. Chercher l'Esprit Saint

L'unité dans l'adoration est rendue possible par la direction du Saint-Esprit. Priez pour l'unité et laissez l'Esprit guider vos moments d'adoration.

- **Référence :**
  "Efforcez-vous de conserver l'unité de l'Esprit par le lien de la paix." (Éphésiens 4:3)

Conclusion

Dieu valorise l'unité dans l'adoration car elle reflète Sa nature, manifeste Son dessein pour l'Église, et glorifie Son nom de manière unique. L'unité dans l'adoration anticipe également l'adoration céleste, où tous les croyants, de toutes nations et de toutes époques, se réuniront pour exalter le Seigneur ensemble.

Verset clé :
"Voici, qu'il est agréable, qu'il est doux pour des frères de demeurer ensemble !" (Psaume 133 :1)

Que notre adoration unie sur terre soit un témoignage puissant de l'amour et de la gloire de Dieu, et une préparation joyeuse pour l'éternité.

Les Bienfaits Spirituels de l'Adoration en Communauté

L'adoration en communauté, où les croyants se rassemblent pour exalter Dieu, prier, chanter, méditer Sa Parole et partager leur foi, est une pratique centrale dans la vie chrétienne. Elle ne se limite pas à une simple activité collective : elle génère de nombreux bienfaits spirituels pour les participants et pour la communauté dans son ensemble. Voici les principaux bienfaits spirituels de l'adoration en communauté.

1. Renforcer la Communion Spirituelle

Un lien spirituel entre les croyants

L'adoration en communauté unit les croyants en une seule famille spirituelle, liée par leur foi en Christ. En adorant ensemble, ils renforcent leur sentiment d'appartenance à un même corps : l'Église.

- **Référence biblique :**
  "Car, comme nous avons plusieurs membres dans un seul corps, et que tous les membres n'ont pas la même fonction, ainsi, nous qui sommes plusieurs, nous formons un seul corps en Christ." (Romains 12:4-5)

Bienfaits :

- Développe un sentiment d'unité et de fraternité.
- Encourage les croyants à se soutenir mutuellement dans leur foi.

- Rappelle que la foi chrétienne n'est pas une marche solitaire mais une aventure collective.

2. Édifier la Foi Personnelle

Fortifier les croyants par l'enseignement

L'adoration communautaire offre des occasions d'entendre la Parole de Dieu enseignée, expliquée, et appliquée à la vie quotidienne. Cela nourrit spirituellement chaque croyant et renforce leur compréhension de Dieu.

- **Référence biblique :**
  "Ainsi la foi vient de ce qu'on entend, et ce qu'on entend vient de la parole de Christ." (Romains 10:17)

Bienfaits :

- Permet d'apprendre et de grandir dans la foi.
- Aide à surmonter les doutes ou les moments de faiblesse.
- Encourage les croyants à vivre selon la vérité biblique.

3. Vivre une Expérience Spirituelle Profonde

La présence de Dieu dans l'assemblée

Jésus a promis que lorsqu'un groupe de croyants se réunit en Son nom, Il est présent au milieu d'eux. Cette expérience de la présence divine est souvent plus intense dans l'adoration collective.

- **Référence biblique :**
  "Car là où deux ou trois sont assemblés en mon nom, je suis au milieu d'eux." (Matthieu 18:20)

Bienfaits :

- Renforce la connexion personnelle et collective avec Dieu.
- Encourage un sentiment de paix, de joie, et de renouveau spirituel.
- Permet de vivre des moments de transformation spirituelle à travers la prière, les chants et la méditation.

4. Encourager et Exhorter les Uns les Autres

Un soutien mutuel dans la foi

L'adoration en communauté offre un espace pour partager les fardeaux, encourager ceux qui traversent des épreuves, et renforcer la foi de ceux qui se sentent faibles.

- **Référence biblique :**
  "Exhortons-nous réciproquement, et cela d'autant plus que vous voyez s'approcher le jour." (Hébreux 10:25)

Bienfaits :

- Crée un environnement de soutien spirituel et émotionnel.
- Encourage les croyants à persévérer dans leur marche avec Dieu.
- Renforce les relations fraternelles et l'amour entre les membres de l'Église.

5. Développer une Attitude de Gratitude et de Joie

Exprimer la reconnaissance collective envers Dieu

L'adoration communautaire aide les croyants à se rappeler les bénédictions de Dieu et à Lui rendre grâce ensemble. Cela cultive une attitude de gratitude et une joie collective.

- **Référence biblique :**
  "Venez, chantons avec allégresse à l'Éternel ! Poussons des cris de joie vers le rocher de notre salut." (Psaume 95:1)

Bienfaits :

- Aide à surmonter les attitudes négatives comme l'inquiétude ou l'amertume.
- Inspire un esprit de louange et de célébration.
- Favorise une mentalité centrée sur les bénédictions divines plutôt que sur les difficultés.

6. Un Témoignage Puissant pour les Non-Croyants

Attirer les autres à Christ

L'unité et l'intensité de l'adoration en communauté témoignent de la gloire de Dieu aux non-croyants. Une Église unie dans la louange et l'amour attire ceux qui cherchent un sens spirituel.

- **Référence biblique :**
  "Que votre lumière luise ainsi devant les hommes, afin qu'ils voient vos bonnes œuvres, et glorifient votre Père qui est dans les cieux." (Matthieu 5:16)

Bienfaits :

- Encourage les visiteurs à explorer la foi chrétienne.
- Montre l'impact transformateur de l'Évangile dans la vie d'un groupe de personnes.
- Renforce l'image de l'Église comme une communauté aimante et accueillante.

7. Préparer les Croyants pour l'Adoration Éternelle

Une anticipation de l'adoration céleste

L'adoration en communauté est une préparation pour l'adoration éternelle où tous les croyants, de toutes nations et de toutes générations, loueront Dieu ensemble devant Son trône.

- **Référence biblique :**
  "Je regardai, et voici, il y avait une grande foule, que personne ne pouvait compter, de toute nation, de toute tribu, de tout peuple, et de toute langue ; ils se tenaient devant le trône et devant l'Agneau." (Apocalypse 7:9)

Bienfaits :

- Rappelle aux croyants leur espérance future en Christ.
- Inspire un désir plus profond de glorifier Dieu dès maintenant.
- Favorise une perspective éternelle dans les défis quotidiens.

8. Grandir dans l'Humilité et le Service

Apprendre à privilégier le collectif

L'adoration en communauté apprend aux croyants à ne pas se focaliser uniquement sur eux-mêmes, mais à faire partie d'un tout où chacun joue un rôle pour glorifier Dieu.

- **Référence biblique :**
  "Ayez les mêmes sentiments, vivez en paix ; et le Dieu d'amour et de paix sera avec vous." (2 Corinthiens 13:11)

Bienfaits :

- Encourage l'humilité et le respect envers les autres membres.
- Motive les croyants à utiliser leurs dons pour édifier la communauté.
- Renforce l'esprit de service et de collaboration.

Conclusion

L'adoration en communauté est une pratique essentielle pour les croyants. Elle non seulement glorifie Dieu, mais aussi enrichit la vie spirituelle de chaque participant, renforce l'unité du corps de Christ, et offre un témoignage puissant au monde.

Verset clé :
"Oh ! Qu'il est agréable, qu'il est doux pour des frères de demeurer ensemble !" (Psaume 133 :1)

Que chaque moment d'adoration collective soit une opportunité de grandir dans la foi, de manifester l'amour de Dieu, et de vivre une communion plus profonde avec Lui et avec les autres croyants.

Chapitre 7

Les Fruits de l'Adoration Véritable

Transformation Personnelle : Devenir de Plus en Plus Semblable à Christ

La transformation personnelle est au cœur de la vie chrétienne. Elle reflète le processus par lequel un croyant, par l'œuvre du Saint-Esprit, devient de plus en plus semblable à Jésus-Christ. Cette transformation n'est pas seulement un changement de comportement extérieur ; elle implique une transformation intérieure de notre caractère, de nos pensées, et de nos désirs, pour refléter la nature de Christ dans notre vie quotidienne.

1. L'Appel à Devenir Semblable à Christ

Pourquoi Dieu veut que nous soyons transformés

Dieu nous a créés à Son image, mais le péché a déformé cette image. Par le salut en Jésus-Christ, Dieu nous appelle à être restaurés et transformés pour refléter à nouveau Son caractère.

- **Référence biblique :**
  "Car ceux qu'il a connus d'avance, il les a aussi prédestinés à être semblables à l'image de son Fils." (Romains 8:29)

- **Objectif final :** Vivre une vie qui glorifie Dieu en imitant Jésus-Christ, l'exemple parfait d'amour, de sainteté, et d'obéissance.

2. La Nature de la Transformation

2.1. Transformation intérieure

La transformation commence dans le cœur et l'esprit. Elle ne se limite pas à une réforme extérieure de nos actions, mais concerne le renouvellement de nos pensées, motivations, et attitudes.

- **Référence biblique :**
  "Soyez transformés par le renouvellement de l'intelligence, afin que vous discerniez quelle est la volonté de Dieu, ce qui est bon, agréable et parfait." (Romains 12:2)

2.2. Conformité à Christ

La transformation consiste à ressembler davantage à Christ dans notre caractère : amour, humilité, patience, bonté, et justice.

- **Référence biblique :**
  "Revêtez-vous du Seigneur Jésus-Christ." (Romains 13:14)

3. Les Étapes de la Transformation Personnelle

3.1. La Nouvelle Naissance

La transformation commence avec la nouvelle naissance, lorsque nous recevons Jésus comme Seigneur et Sauveur. À ce moment-là, nous sommes justifiés par la foi et le Saint-Esprit commence Son œuvre en nous.

- **Référence biblique :**
  "Si quelqu'un est en Christ, il est une nouvelle créature. Les choses anciennes sont passées ; voici, toutes choses sont devenues nouvelles." (2 Corinthiens 5:17)

3.2. Le Renouvellement Progressif

La transformation est un processus continu qui dure toute la vie. Cela implique une croissance spirituelle constante, par la sanctification, sous l'action du Saint-Esprit.

- **Référence biblique :**
  "Nous tous qui, le visage découvert, contemplons comme dans un miroir la gloire du Seigneur, nous sommes transformés en la même image, de gloire en gloire, par l'Esprit du Seigneur." (2 Corinthiens 3:18)

3.3. La Collaboration avec le Saint-Esprit

Bien que la transformation soit l'œuvre de Dieu, nous avons une part active : écouter le Saint-Esprit, obéir à la Parole de Dieu, et rejeter le péché.

- **Référence biblique :**
  "Travaillez à votre salut avec crainte et tremblement, car c'est Dieu qui produit en vous le vouloir et le faire, selon son bon plaisir." (Philippiens 2:12-13)

4. Les Caractéristiques de la Transformation

4.1. Une Vie d'Amour

Devenir semblable à Christ implique de refléter Son amour envers Dieu et envers les autres.

- **Référence biblique :**
  "Aimez-vous les uns les autres, comme je vous ai aimés." (Jean 13:34)

4.2. Une Obéissance à Dieu

Jésus a toujours obéi à la volonté de Son Père. Nous sommes appelés à faire de même, en soumettant notre vie à Dieu.

- **Référence biblique :**
  "Non pas ma volonté, mais que ta volonté soit faite." (Luc 22:42)

4.3. Un Caractère Saint

Devenir semblable à Christ signifie manifester les fruits de l'Esprit dans notre vie quotidienne :

- **Référence biblique :**
  "Le fruit de l'Esprit, c'est l'amour, la joie, la paix, la patience, la bonté, la bienveillance, la fidélité, la douceur, la maîtrise de soi." (Galates 5:22-23)

4.4. Une Vie de Service

Jésus est venu pour servir et non pour être servi. Être transformé à Son image, c'est adopter une attitude de service envers les autres.

- **Référence biblique :**
  "Car le Fils de l'homme est venu, non pour être servi, mais pour servir et donner sa vie comme la rançon de beaucoup." (Marc 10:45)

5. Les Moyens de Devenir Semblable à Christ

5.1. La Parole de Dieu

La méditation et l'étude régulière de la Parole transforment notre esprit et nous montrent comment vivre comme Christ.

- **Référence biblique :**
  "Ta parole est une lampe à mes pieds, et une lumière sur mon sentier." (Psaume 119:105)

5.2. La Prière

La prière nous connecte à Dieu, nous permet de confesser nos péchés, et d'être renouvelés par Sa présence.

- **Référence biblique :**
  "Demeurez en moi, et je demeurerai en vous." (Jean 15:4)

5.3. La Communion Fraternelle

Être entouré de frères et sœurs en Christ nous aide à grandir spirituellement, à être encouragés, et à apprendre de leur exemple.

- **Référence biblique :**
  "Exhortons-nous réciproquement." (Hébreux 10:25)

5.4. La Souffrance et les Épreuves

Dieu utilise souvent les épreuves pour nous purifier et nous transformer, nous apprenant à dépendre davantage de Lui.

- **Référence biblique :**
  "Nous savons que toutes choses concourent au bien de ceux qui aiment Dieu." (Romains 8:28)

6. Les Résultats de la Transformation

6.1. Une Vie Qui Glorifie Dieu

Devenir semblable à Christ glorifie Dieu en montrant Son caractère au monde.

- **Référence biblique :**
  "Que votre lumière luise ainsi devant les hommes, afin qu'ils voient vos bonnes œuvres, et glorifient votre Père qui est dans les cieux." (Matthieu 5:16)

6.2. Une Influence Spirituelle sur les Autres

La transformation personnelle nous rend capables de guider et d'encourager les autres dans leur marche avec Dieu.

6.3. Une Vie Remplie de Paix et de Joie

La transformation apporte la paix intérieure et la joie, car elle nous rapproche de Dieu et nous permet de vivre selon Sa volonté.

- **Référence biblique :**
  "Tu me feras connaître le sentier de la vie ; il y a d'abondantes joies devant ta face." (Psaume 16:11)

Conclusion

Devenir de plus en plus semblable à Christ est le but ultime de la vie chrétienne. Cette transformation est un processus progressif rendu possible par le Saint-Esprit, la Parole de Dieu, et notre obéissance. Elle reflète une vie d'amour, de sainteté, et de service, tout en glorifiant Dieu et en impactant le monde pour l'éternité.

Verset clé :
"Je ne vis plus, moi, mais Christ vit en moi." (Galates 2:20)

Que chaque croyant aspire à cette transformation, en se laissant modeler par Dieu pour refléter pleinement l'image de Son Fils.

Impact sur le Monde : Témoigner de la Grandeur de Dieu par Notre Adoration

L'adoration n'est pas seulement une réponse personnelle à la gloire et à l'amour de Dieu ; elle a également un impact puissant sur le monde qui nous entoure. Lorsque les croyants adorent Dieu de manière authentique, leur vie devient un témoignage vivant de Sa grandeur, attirant les autres à Lui et manifestant la puissance de l'Évangile. Voici comment notre adoration peut influencer le monde.

1. L'Adoration comme Témoignage Public

Proclamer la grandeur de Dieu

L'adoration témoigne publiquement de la majesté et de la sainteté de Dieu. Lorsque nous L'adorons avec sincérité, nous déclarons au monde que Dieu est digne de notre dévotion et de notre vie.

- **Référence biblique :**
  "Exaltez l'Éternel avec moi ! Célébrons tous ensemble son nom." (Psaume 34:3)

Impact:

- Elle attire l'attention sur Dieu plutôt que sur nous-mêmes.
- Elle invite les non-croyants à réfléchir à la réalité et à la grandeur de Dieu.

- Elle inspire les autres croyants à approfondir leur propre adoration.

2. L'Adoration qui Manifeste l'Amour de Dieu

Une vie d'adoration révèle le caractère de Dieu

Adorer Dieu ne se limite pas à des chants ou des prières ; cela inclut aussi vivre selon Ses commandements et refléter Son amour dans nos actions quotidiennes. Une vie d'adoration authentique montre au monde qui est Dieu.

- **Référence biblique :**
  "Aimez-vous les uns les autres ; c'est à cela que tous reconnaîtront que vous êtes mes disciples." (Jean 13:35)

Impact:

- Elle montre que Dieu est amour et que Sa puissance transforme les vies.
- Elle donne un exemple concret de l'Évangile en action.
- Elle encourage les autres à rechercher une relation avec un Dieu aimant.

3. L'Unité dans l'Adoration Comme Témoignage

Une unité qui reflète la gloire de Dieu

Lorsque les croyants adorent ensemble en unité, cela témoigne de la puissance de l'Évangile, qui transcende les différences ethniques, culturelles, et sociales.

- **Référence biblique :**
  "Que tous soient un, comme toi, Père, tu es en moi, et comme je suis en toi... afin que le monde croie que tu m'as envoyé." (Jean 17:21)

Impact:

- Elle montre que le Christ est la source de réconciliation et d'unité.
- Elle attire les non-croyants à une communauté où l'amour et l'harmonie sont vécus.
- Elle préfigure l'adoration céleste où tous les peuples adoreront Dieu ensemble (Apocalypse 7:9).

4. Une Vie Transfigurée Comme Outil d'Évangélisation

Un témoignage par le changement de vie

Une vie transformée par l'adoration est un puissant témoignage. Lorsque nous adorons Dieu non seulement en paroles, mais aussi dans nos actions, nos pensées, et nos priorités, le monde remarque la différence.

- **Référence biblique :**
  "Que votre lumière luise ainsi devant les hommes, afin qu'ils voient vos bonnes œuvres, et

glorifient votre Père qui est dans les cieux."
(Matthieu 5:16)

Impact:

- Elle montre que l'Évangile est capable de transformer des vies.
- Elle donne de l'espoir à ceux qui cherchent un sens ou un changement dans leur propre vie.
- Elle attire les non-croyants à chercher la source de cette transformation : Dieu.

5. L'Adoration Comme Antidote à l'Idolâtrie Moderne

Une alternative à la culture centrée sur soi

Dans un monde où la carrière, les possessions, et les relations sont souvent idolâtrées, l'adoration authentique recentre l'attention sur Dieu. Elle montre qu'Il est la seule source de satisfaction véritable.

- **Référence biblique :**
  "Tu aimeras le Seigneur, ton Dieu, de tout ton cœur, de toute ton âme, et de toute ta pensée."
  (Matthieu 22:37)

Impact:

- Elle révèle que Dieu est plus grand que les idoles modernes.
- Elle donne un exemple de vie tournée vers l'éternité, plutôt que vers les plaisirs éphémères.

- Elle pousse les autres à remettre en question leurs priorités et à rechercher Dieu.

6. Une Adoration Qui Inspire la Paix et l'Espérance

Une lumière dans un monde troublé

Lorsque les croyants adorent Dieu même au milieu des épreuves, cela témoigne de leur confiance en Sa souveraineté et en Ses promesses. Ce type d'adoration inspire la paix et l'espoir à ceux qui les entourent.

- **Référence biblique :**
  "Ne vous inquiétez de rien ; mais en toute chose faites connaître vos besoins à Dieu par des prières et des supplications, avec des actions de grâces." (Philippiens 4:6)

Impact:

- Elle montre que la foi en Dieu apporte une paix qui surpasse toute compréhension (Philippiens 4:7).
- Elle encourage ceux qui traversent des difficultés à s'appuyer sur Dieu.
- Elle démontre que l'espérance chrétienne est réelle et durable.

7. L'Adoration Collective Comme Témoignage Puissant

Un témoignage à travers la communauté

Lorsque l'Église se rassemble pour adorer Dieu, elle envoie un message puissant au monde : un peuple uni, aimant et passionné pour Dieu.

- **Référence biblique :**
  "Ils persévéraient dans la doctrine des apôtres, dans la communion fraternelle, dans la fraction du pain, et dans les prières. Et le Seigneur ajoutait chaque jour à l'Église ceux qui étaient sauvés." (Actes 2:42, 47)

Impact:

- Elle attire ceux qui cherchent un sens à leur vie dans une communauté aimante et unifiée.
- Elle montre que l'Église est vivante, joyeuse, et centrée sur Dieu.
- Elle manifeste la puissance de l'Évangile à transformer non seulement des individus, mais aussi des groupes entiers.

8. Proclamer la Gloire de Dieu au Monde

L'objectif ultime de l'adoration

Le but principal de l'adoration est de proclamer la gloire de Dieu au monde. Chaque fois que nous adorons, que ce soit individuellement ou collectivement, nous participons à l'accomplissement de cette mission divine.

- **Référence biblique :**
  "Que tout ce qui respire loue l'Éternel !" (Psaume 150 :6)
  "Allez, faites de toutes les nations des disciples." (Matthieu 28:19)

Impact:

- Elle appelle les nations à reconnaître la souveraineté de Dieu.
- Elle prépare les cœurs à recevoir l'Évangile.
- Elle contribue à l'établissement du royaume de Dieu sur terre.

Conclusion

Notre adoration ne se limite pas à glorifier Dieu dans nos cœurs ; elle a un impact profond et tangible sur le monde. En adorant Dieu de manière authentique, nous devenons des témoins vivants de Sa grandeur, attirant les autres à Lui et proclamant Sa gloire dans toutes les sphères de la vie.

Verset clé :
"Déclarez sa gloire parmi les nations, ses merveilles parmi tous les peuples." (Psaume 96 :3)

Que notre adoration, qu'elle soit individuelle ou collective, devienne une lumière pour le monde, révélant la majesté et la bonté de notre Dieu. **Car lorsque nous adorons, nous témoignons ; et lorsque nous témoignons, nous attirons les autres à connaître Celui qui est digne de toute louange.**

L'Adoration comme Arme Spirituelle : La Victoire de Josaphat par l'Adoration

(2 Chroniques 20)

L'histoire de Josaphat, roi de Juda, dans **2 Chroniques 20** illustre puissamment le rôle de l'adoration comme une arme spirituelle. Face à une menace écrasante de plusieurs armées ennemies, Josaphat et le peuple de Juda ont choisi de ne pas s'appuyer sur leurs propres forces, mais sur la puissance de Dieu, en L'adorant avec foi. Ce récit enseigne que l'adoration n'est pas seulement un acte de louange ; c'est aussi une arme spirituelle efficace qui libère la puissance de Dieu dans les combats de la vie.

1. Contexte de 2 Chroniques 20 : Une Menace Imminente

Josaphat, roi de Juda, se trouve face à une crise majeure. Une coalition de trois armées ennemies (les Moabites, les Ammonites, et les Méounites) s'apprête à attaquer Juda. En apprenant cette nouvelle, Josaphat est effrayé, mais il ne réagit pas par la panique ou la mobilisation militaire ; il se tourne immédiatement vers Dieu.

- **Référence biblique :**
  "Dans sa frayeur, Josaphat se disposa à chercher l'Éternel, et il publia un jeûne pour tout Juda." (2 Chroniques 20:3)

2. La Réponse de Josaphat : La Foi et l'Adoration

2.1. La prière collective

Josaphat rassemble tout le peuple de Juda pour chercher Dieu dans la prière. Il reconnaît leur incapacité à vaincre par leurs propres moyens et affirme leur dépendance totale envers Dieu.

- **Référence biblique :**
  "Nous sommes sans force devant cette multitude nombreuse qui s'avance contre nous, et nous ne savons que faire ; mais nos yeux sont sur toi." (2 Chroniques 20:12)

2.2. Une réponse divine

Dieu répond à leur prière par l'intermédiaire de Jachaziel, un prophète, qui déclare que la bataille appartient à l'Éternel. Ils n'auront pas besoin de combattre physiquement.

- **Référence biblique :**
  "Ce n'est pas vous qui combattrez, mais Dieu." (2 Chroniques 20:15)

2.3. La foi démontrée par l'adoration

Avant même de voir la victoire, Josaphat et le peuple se prosternent pour adorer Dieu. Ils louent Dieu non pas après la victoire, mais avant, dans une confiance totale en Sa promesse.

- **Référence biblique :**
  "Josaphat et tout Juda, avec ses habitants,

tombèrent devant l'Éternel, pour se prosterner en sa présence." (2 Chroniques 20:18)

3. La Stratégie Divine : Louer au Milieu de la Bataille

3.1. Une armée menée par des chanteurs

Au lieu de mettre les soldats en première ligne, Josaphat place des chantres à la tête de l'armée. Leur rôle ? Chanter des louanges à Dieu et proclamer Sa bonté.

- **Référence biblique :**
  "Mettez-vous en marche, et chantez des cantiques en louant l'Éternel pour la magnificence de sa sainteté, en disant : Louez l'Éternel, car sa miséricorde dure à toujours !" (2 Chroniques 20:21)

3.2. L'effet de l'adoration

Pendant que les chanteurs louent Dieu, une confusion éclate parmi les armées ennemies. Ils commencent à s'attaquer entre eux jusqu'à ce qu'ils soient complètement détruits. Le peuple de Juda n'a même pas besoin de lever une épée.

- **Référence biblique :**
  "Au moment où l'on commença les chants et les louanges, l'Éternel plaça une embuscade contre les fils d'Ammon et de Moab et ceux de la montagne de Séir qui étaient venus contre Juda, et ils furent battus." (2 Chroniques 20:22)

4. Pourquoi l'Adoration Est une Arme Spirituelle

4.1. L'adoration proclame la souveraineté de Dieu

En adorant Dieu, nous reconnaissons qu'Il est Tout-Puissant, fidèle, et capable de nous délivrer. Cela déplace notre attention de nos problèmes vers la grandeur de Dieu.

- **Référence biblique :**
  "L'Éternel combattra pour vous ; et vous, gardez le silence." (Exode 14:14)

4.2. L'adoration active la foi

Lorsque nous louons Dieu au milieu des batailles, nous déclarons notre foi en Ses promesses. L'adoration devient une déclaration de victoire avant même qu'elle ne soit visible.

- **Référence biblique :**
  "Nous marchons par la foi et non par la vue." (2 Corinthiens 5:7)

4.3. L'adoration libère la puissance de Dieu

Comme dans le cas de Josaphat, l'adoration ouvre la voie à l'intervention divine. Elle invite Dieu à prendre le contrôle de la situation.

- **Référence biblique :**
  "Tu es saint, toi qui sièges au milieu des louanges d'Israël." (Psaume 22:3)

5. Applications Pratiques : Utiliser l'Adoration Comme Arme Spirituelle

5.1. Adorer Dieu en toutes circonstances

Face aux défis, choisissez de louer Dieu au lieu de céder à la peur ou au doute. La louange change notre perspective et renforce notre foi.

- **Exemple pratique :** Si vous êtes confronté à une crise financière, prenez un moment pour chanter ou déclarer les bontés de Dieu, en vous rappelant qu'Il pourvoit toujours.

5.2. Inclure l'adoration dans vos prières

Faites de l'adoration une partie essentielle de vos moments de prière. Avant de demander quoi que ce soit, commencez par louer Dieu pour qui Il est.

- **Exemple pratique :** Commencez votre prière par : *"Seigneur, je Te loue parce que Tu es fidèle, tout-puissant, et digne de confiance."*

5.3. Louer collectivement

L'adoration en communauté renforce la foi collective et invite la présence de Dieu à agir puissamment.

- **Exemple pratique :** Participez activement aux moments de louange dans votre Église, en chantant avec sincérité et foi.

5.4. Se souvenir des victoires passées

Rappelez-vous comment Dieu a agi dans le passé et louez-Le pour Sa fidélité. Cela vous encouragera à Lui faire confiance pour les défis actuels.

- **Référence biblique :**
  "Mon âme, bénis l'Éternel, et n'oublie aucun de ses bienfaits." (Psaume 103:2)

6. Les Bénéfices Spirituels de l'Adoration en Tant qu'Arme

1. **Paix intérieure :** L'adoration remplace l'inquiétude par la confiance en Dieu.

2. **Perspective divine :** Elle nous aide à voir nos combats à travers le prisme de la souveraineté de Dieu.

3. **Victoire spirituelle :** L'adoration désarme l'ennemi et libère la puissance de Dieu.

4. **Un témoignage puissant :** Louer Dieu dans les épreuves montre au monde que nous avons une espérance ferme en Lui.

Conclusion

L'histoire de Josaphat dans **2 Chroniques 20** montre que l'adoration n'est pas seulement un acte de reconnaissance : c'est une arme spirituelle puissante. Elle proclame la souveraineté de Dieu, active la foi, et libère Sa puissance pour agir en notre faveur. Que ce soit dans les défis personnels ou collectifs, choisir l'adoration, c'est choisir de placer Dieu au centre de la bataille. Et lorsque Dieu combat pour nous, la victoire est assurée.

Verset clé :
"Ce n'est pas vous qui combattrez, mais Dieu." (2 Chroniques 20:15)

Prenons l'exemple de Josaphat et faisons de l'adoration une arme spirituelle, capable de transformer les batailles en victoires pour la gloire de Dieu.

Conclusion

Synthèse des Enseignements Clés sur l'Adoration

L'adoration est bien plus qu'un simple acte religieux ; elle est l'essence même de notre relation avec Dieu. À travers les différents aspects explorés, voici une synthèse des enseignements clés qui émergent sur l'adoration dans la vie du croyant :

1. La Nature de l'Adoration

Définition : Une relation profonde avec Dieu

L'adoration est une réponse sincère et continue à la grandeur, à la sainteté, et à l'amour de Dieu. Elle implique tout notre être : cœur, esprit, âme, et corps. Elle va au-delà des chants ou des rituels pour devenir un mode de vie.

- **Référence biblique :**
  "Tu aimeras le Seigneur, ton Dieu, de tout ton cœur, de toute ton âme, et de toute ta pensée." (Matthieu 22:37)

Clés essentielles :

- L'adoration doit être **en esprit** (vivifiée par le Saint-Esprit) et **en vérité** (alignée sur la Parole de Dieu) – *(Jean 4:23-24)*.

- Elle ne se limite pas à un lieu ou un moment ; elle doit imprégner chaque aspect de notre vie.

2. Pourquoi Dieu Désire Notre Adoration

Un Dieu digne de louange

Dieu seul mérite notre adoration en raison de Sa sainteté, de Sa souveraineté, et de Son amour incommensurable. Adorer Dieu, c'est reconnaître qu'Il est le Créateur, le Sauveur, et le Seigneur de tout.

- **Référence biblique :**
  "Louez l'Éternel, car il est bon, car sa miséricorde dure à toujours !" (Psaume 136:1)

Clés essentielles :

- L'adoration nous recentre sur Dieu et nous aide à éviter l'idolâtrie.
- Elle est une réponse naturelle à la grâce et au salut que nous avons reçus à travers Christ.

3. Les Différentes Expressions de l'Adoration

Un culte en paroles, pensées, et actions

L'adoration peut être exprimée à travers :

- **La louange** : Par le chant et les paroles qui glorifient Dieu *(Psaume 100 :4)*.
- **La prière** : Une communication sincère et dépendante avec Dieu *(Philippiens 4:6)*.
- **La méditation** : Réfléchir sur la Parole de Dieu et appliquer Ses enseignements *(Josué 1:8)*.

- **Les œuvres** : Servir les autres, donner généreusement, et vivre dans l'obéissance *(Jacques 2 :17)*.

Clés essentielles :

- Chaque expression d'adoration doit venir d'un cœur sincère et aligné sur la volonté de Dieu.
- L'adoration dépasse les rituels pour devenir un témoignage vivant de notre foi.

4. Les Obstacles à une Adoration Authentique

L'idolâtrie moderne

La carrière, les possessions, et les relations peuvent devenir des idoles qui prennent la place de Dieu dans nos vies.

- **Référence biblique :**
  "Tu n'auras pas d'autres dieux devant ma face." (Exode 20:3)

L'hypocrisie religieuse

Les pratiques religieuses sans relation sincère avec Dieu, comme les rituels vides ou les traditions humaines, déplaisent à Dieu.

- **Référence biblique :**
  "Ce peuple m'honore des lèvres, mais son cœur est éloigné de moi." (Ésaïe 29:13)

Clés essentielles :

- Examinez régulièrement votre cœur pour détecter toute forme d'idolâtrie ou de superficialité dans votre adoration.
- Repentez-vous et recentrez votre vie sur Dieu.

5. L'Adoration comme Arme Spirituelle

Une arme dans les batailles de la vie

L'adoration est un moyen puissant de combattre spirituellement. Elle proclame la souveraineté de Dieu, active la foi, et invite Sa puissance à agir.

- **Exemple biblique :**
  Dans **2 Chroniques 20**, Josaphat remporte une victoire miraculeuse en plaçant des chanteurs devant son armée, louant Dieu avant la bataille.

Clés essentielles :

- L'adoration recentre notre attention sur Dieu au lieu de nos problèmes.
- Louez Dieu même avant de voir la victoire, comme un acte de foi.

6. L'Impact de l'Adoration sur le Monde

Un témoignage vivant

L'adoration témoigne de la grandeur de Dieu et attire les autres à Lui. Une vie transformée par l'adoration est un puissant outil d'évangélisation.

- **Référence biblique :**
"Que votre lumière luise ainsi devant les hommes, afin qu'ils voient vos bonnes œuvres, et glorifient votre Père qui est dans les cieux." (Matthieu 5:16)

Clés essentielles :

- L'unité dans l'adoration collective manifeste l'amour et la gloire de Dieu au monde *(Jean 17:21)*.
- Une vie d'adoration inspire paix, espoir, et transformation chez ceux qui observent.

7. Les Bienfaits Spirituels de l'Adoration

Pour le croyant :

- **Renouvellement spirituel :** L'adoration restaure l'âme et rafraîchit l'esprit *(Psaume 16 :11)*.
- **Profondeur de la relation avec Dieu :** L'adoration intime renforce notre communion avec Lui *(Jacques 4:8)*.
- **Paix et joie :** Elle libère l'inquiétude et remplit le cœur de gratitude *(Philippiens 4 :6-7)*.

Pour la communauté :

- **Unité spirituelle :** L'adoration collective renforce les liens entre croyants et reflète l'unité du corps de Christ *(Romains 12:5)*.

- **Encouragement mutuel :** Partager l'adoration inspire et exhorte les autres dans leur foi *(Hébreux 10:25)*.

8. L'objectif Ultime : Devenir Semblable à Christ

Une transformation personnelle

L'adoration conduit à une transformation progressive de notre caractère, nous rendant de plus en plus semblables à Christ.

- **Référence biblique :**
  "Nous sommes transformés en la même image, de gloire en gloire, par l'Esprit du Seigneur." (2 Corinthiens 3:18)

Clés essentielles :

- Une vie d'adoration produit des fruits spirituels tels que l'amour, la patience, et la bonté *(Galates 5:22-23)*.
- Cette transformation reflète la gloire de Dieu et témoigne de l'impact de l'Évangile.

Conclusion : Une Vie Centrée sur l'Adoration

L'adoration est bien plus qu'un moment ou une activité : c'est un mode de vie qui transforme le croyant, édifie l'Église, et impacte le monde. Elle recentre nos cœurs sur Dieu, nous fortifie dans les épreuves, et proclame Sa gloire à travers nos paroles, nos actions, et nos pensées.

Verset clé :

"Offrez vos corps comme un sacrifice vivant, saint, et agréable à Dieu ; ce sera de votre part un culte raisonnable." (Romains 12:1)

Que votre adoration devienne une expression continue de votre amour pour Dieu et un témoignage puissant de Sa grandeur au monde.

Appel à une Adoration Authentique et Intentionnelle

Dans un monde rempli de distractions, de routines religieuses, et de priorités changeantes, Dieu nous appelle à une adoration **authentique** et **intentionnelle**. Il ne cherche pas des rituels mécaniques ou des paroles vides, mais des cœurs sincères, entièrement dévoués à Lui, qui L'aiment, L'honorent, et Le placent au centre de leur vie. Voici un appel à élever notre adoration vers ce que Dieu désire réellement.

1. Une Adoration Authentique : L'Adoration en Esprit et en Vérité

Ce que signifie une adoration authentique

- **En Esprit :** Une adoration vivifiée par le Saint-Esprit, engageant notre cœur et notre âme.

- **En Vérité :** Une adoration alignée sur la Parole de Dieu, fondée sur une compréhension claire de qui Il est.

- **Référence biblique :**
  "Mais l'heure vient, et elle est déjà venue, où les vrais adorateurs adoreront le Père en esprit et en vérité ; car ce sont là les adorateurs que le Père demande." (Jean 4:23-24)

Caractéristiques de l'adoration authentique

1. **Sincérité :** Elle vient du cœur et non d'une obligation ou d'un désir de paraître pieux.
2. **Humilité :** Elle reconnaît la souveraineté et la sainteté de Dieu, et notre dépendance totale envers Lui.
3. **Priorité :** Dieu est placé au centre, au-dessus de tout ce qui pourrait nous détourner de Lui.

2. Une Adoration Intentionnelle : Une Décision Délibérée

Pourquoi l'intentionnalité est cruciale

L'adoration authentique ne se produit pas par accident. Elle demande une décision consciente et quotidienne de rechercher Dieu, de Le glorifier, et de Le placer au-dessus de tout dans notre vie.

- **Référence biblique :**
  "Cherchez premièrement le royaume et la justice de Dieu, et toutes ces choses vous seront données par-dessus." (Matthieu 6:33)

Comment pratiquer une adoration intentionnelle

1. **Prenez du temps pour Dieu chaque jour :** Faites de la prière, de la lecture de la Parole, et de la louange des priorités quotidiennes.
2. **Examinez votre cœur :** Posez-vous régulièrement des questions : "Qui ou quoi

occupe la première place dans ma vie ? Mon adoration est-elle centrée sur Dieu ou influencée par mes propres désirs ?"

3. **Adorez dans les moments difficiles :** Choisissez d'adorer Dieu même au milieu des épreuves, en Lui faisant confiance pour la victoire.

- **Exemple biblique :** Paul et Silas, qui ont chanté des louanges à Dieu dans leur prison (Actes 16:25).

3. Les Obstacles à une Adoration Authentique

1. Les distractions

La vie moderne regorge de distractions – travail, médias sociaux, divertissements – qui peuvent voler notre attention et notre temps, nous éloignant de l'adoration de Dieu.

- **Solution :** Pratiquez la discipline spirituelle, comme la méditation et le silence, pour recentrer votre cœur sur Dieu.

2. L'hypocrisie religieuse

Faire des gestes religieux sans y engager son cœur ne plaît pas à Dieu.

- **Référence biblique :**
  "Ce peuple m'honore des lèvres, mais son cœur est éloigné de moi." (Ésaïe 29:13)

- **Solution :** Revenez à une adoration sincère, motivée par l'amour pour Dieu et non par des apparences.

3. Les idoles modernes

Carrière, possessions, relations : ces choses peuvent facilement prendre la place de Dieu dans notre cœur.

- **Solution :** Identifiez et rejetez tout ce qui rivalise avec Dieu pour la première place dans votre vie.

4. Les Bienfaits d'une Adoration Authentique et Intentionnelle

1. Une relation profonde avec Dieu

L'adoration authentique nous rapproche de Dieu et renforce notre communion avec Lui.

- **Référence biblique :**
  "Approchez-vous de Dieu, et il s'approchera de vous." (Jacques 4:8)

2. Une transformation personnelle

L'adoration transforme notre cœur et notre caractère pour nous rendre de plus en plus semblables à Christ.

- **Référence biblique :**
  "Nous sommes transformés en la même image, de gloire en gloire, par l'Esprit du Seigneur." (2 Corinthiens 3:18)

3. Une paix et une joie profondes

Adorer Dieu nous libère des inquiétudes et nous remplit d'une joie qui transcende les circonstances.

- **Référence biblique :**
  "Tu me feras connaître le sentier de la vie ; il y a d'abondantes joies devant ta face, des délices éternelles à ta droite." (Psaume 16:11)

4. Un témoignage puissant

Une vie d'adoration sincère attire les autres à Dieu et témoigne de Sa grandeur au monde.

- **Référence biblique :**
  "Que votre lumière luise ainsi devant les hommes, afin qu'ils voient vos bonnes œuvres, et glorifient votre Père qui est dans les cieux." (Matthieu 5:16)

5. Appel Final à une Adoration Authentique et Intentionnelle

Dieu cherche de vrais adorateurs

Dieu désire une adoration authentique, qui vienne d'un cœur sincère et humble. Il ne se satisfait pas de simples rituels ou de routines vides ; Il veut une relation profonde avec nous.

- **Référence biblique :**
  "Offrez vos corps comme un sacrifice vivant, saint et agréable à Dieu ; ce sera de votre part un culte raisonnable." (Romains 12:1)

Faites de l'adoration une priorité quotidienne

L'adoration intentionnelle demande de choisir chaque jour de chercher Dieu, de Le placer au centre de notre vie, et de Lui offrir tout ce que nous sommes.

Conclusion

L'adoration authentique et intentionnelle est le fondement de notre relation avec Dieu. Elle va au-delà des chants ou des prières pour devenir un style de vie où chaque pensée, parole, et action glorifie le Seigneur. En répondant à cet appel, nous expérimentons une relation plus profonde avec Dieu, une transformation personnelle, et un impact puissant sur ceux qui nous entourent.

Verset clé :
"L'heure vient, et elle est déjà venue, où les vrais adorateurs adoreront le Père en esprit et en vérité ; car ce sont là les adorateurs que le Père demande." (Jean 4:23)

Que cet appel vous inspire à adorer Dieu avec tout votre cœur, à marcher intentionnellement dans Sa présence, et à refléter Sa gloire dans chaque aspect de votre vie.

Prière pour Une Relation Plus Profonde avec Dieu

Père céleste,

Nous venons devant Toi avec humilité et reconnaissance, reconnaissant que Tu es le Dieu souverain, saint et digne de toute adoration. Tu nous as créés pour Te connaître, Te glorifier, et marcher en communion avec Toi. Nous Te louons pour Ton amour infini, Ta fidélité et Ta grâce qui nous attirent sans cesse vers Toi.

Seigneur, nous prions pour chaque lecteur de ce livre, pour ceux qui cherchent à T'adorer avec un cœur sincère. Nous Te demandons de les toucher profondément, de renouveler leur esprit et de les rapprocher de Toi. Aide-les à Te connaître davantage, non seulement à travers des mots ou des rituels, mais dans une relation personnelle et vivante.

Saint-Esprit, viens agir dans leur vie.

- Renouvelle leurs cœurs et remplis-les de Ton amour.
- Éclaire leur esprit pour qu'ils comprennent la grandeur de Dieu et la profondeur de Son amour.
- Inspire-leur une soif de Te chercher chaque jour, dans la prière, la méditation de Ta Parole, et l'adoration sincère.

Seigneur, enlève tout ce qui pourrait faire obstacle à leur relation avec Toi : les distractions, les idoles, les peurs ou les doutes. Remplace ces choses par Ton Esprit de paix, de joie, et de confiance en Ton plan parfait.

Nous prions pour que leur adoration ne soit pas simplement une activité, mais un mode de vie. Qu'ils T'adorent en **esprit et en vérité**, dans tout ce qu'ils disent, pensent, et font. Qu'ils trouvent en Toi leur force, leur refuge, et leur joie, même au milieu des tempêtes de la vie.

Seigneur, fais d'eux des adorateurs authentiques.

- Transforme leurs cœurs pour qu'ils deviennent de plus en plus semblables à Christ.
- Fais de leur vie un témoignage vivant de Ta gloire et de Ton amour.
- Remplis-les d'une passion pour T'aimer, T'obéir, et refléter Ta lumière dans ce monde.

Nous déclarons que Toi seul es digne de recevoir leur adoration et leur vie entière. Que chaque jour, ils puissent s'approcher de Toi avec foi, humilité, et émerveillement.

Merci, Père, pour Ton amour et Ta présence. Nous croyons que Tu réponds à cette prière et que Tu conduiras chacun d'eux dans une relation plus profonde et plus intime avec Toi. À Toi soient la gloire, l'honneur, et la puissance pour toujours.

Dans le nom précieux de Jésus-Christ, nous prions, Amen.

Annexes

Plan d'Étude Biblique sur l'Adoration

Voici un plan d'étude biblique structuré pour approfondir la compréhension de l'adoration, ses aspects pratiques, spirituels, et son impact sur la vie chrétienne. Ce plan peut être suivi individuellement ou en groupe.

Introduction : Comprendre l'Adoration

Objectif : Définir l'adoration et comprendre pourquoi Dieu la désire.

1. **Qu'est-ce que l'adoration ?**
   - Lire: **Jean 4:23-24**
     - Question : Que signifie adorer "en esprit et en vérité" ?
     - Réflexion : Comment est-ce que cela se reflète dans votre vie quotidienne ?

2. **Pourquoi Dieu désire notre adoration ?**
   - Lire : **Psaume 96:1-9**
     - Question : Quels attributs de Dieu rendent notre adoration légitime ?
     - Réflexion : Comment adorer Dieu à cause de qui Il est, et pas seulement pour ce qu'Il fait ?

Semaine 1 : L'Essence de l'Adoration

Jour 1 : L'adoration centrée sur Dieu

- Lire : **Exode 20:3-6**
    - Question : Pourquoi est-il important de n'adorer que Dieu ?
    - Réflexion : Quelles "idoles modernes" pouvez-vous identifier dans votre vie ?

Jour 2 : L'adoration comme réponse au salut

- Lire : **Psaume 103:1-5**
    - Question : Comment la reconnaissance pour le salut se traduit-elle en adoration ?
    - Réflexion : Listez les bénédictions pour lesquelles vous pouvez adorer Dieu aujourd'hui.

Jour 3 : L'adoration par obéissance

- Lire : **Romains 12:1-2**
    - Question : Comment le fait d'offrir votre vie comme "un sacrifice vivant" constitue-t-il une adoration ?
    - Réflexion : Quels aspects de votre vie avez-vous besoin de soumettre à Dieu ?

Semaine 2 : Les Expressions de l'Adoration

Jour 4 : Louange et chants

- Lire : **Psaume 150**
    - Question : Quels instruments ou moyens utilisez-vous pour louer Dieu ?
    - Réflexion : Comment intégrer la louange musicale dans votre vie quotidienne ?

Jour 5 : L'adoration par la prière

- Lire : **Philippiens 4:6-7**
    - Question : Comment la prière peut-elle devenir une expression d'adoration ?
    - Réflexion : Créez une prière de louange pour remercier Dieu.

Jour 6 : L'adoration par la méditation de la Parole

- Lire : **Psaume 1:1-3**
    - Question : Pourquoi méditer sur la Parole de Dieu est-elle une forme d'adoration ?
    - Réflexion : Quel verset pouvez-vous méditer cette semaine ?

Jour 7 : L'adoration par les œuvres

- Lire: **Jacques 2:14-17**
    - Question : Comment vos actions envers les autres témoignent-elles de votre adoration pour Dieu ?

- Réflexion : Identifiez une action concrète que vous pouvez entreprendre cette semaine.

Semaine 3 : Les Obstacles à l'Adoration

Jour 8 : L'idolâtrie moderne

- Lire : **Ésaïe 44:9-20**
  - Question : Quels avertissements sur l'idolâtrie ce passage donne-t-il ?
  - Réflexion : Quels "idoles" devez-vous rejeter pour recentrer votre adoration sur Dieu ?

Jour 9 : Les pratiques religieuses sans sincérité

- Lire : **Ésaïe 29:13**
  - Question : Pourquoi Dieu rejette-t-Il les pratiques religieuses sans sincérité ?
  - Réflexion : Comment pouvez-vous rendre votre adoration plus sincère ?

Jour 10 : Les distractions dans l'adoration

- Lire : **Luc 10 :38-42** (Marthe et Marie)
  - Question : Comment pouvez-vous choisir "la meilleure part" dans votre adoration ?

- Réflexion : Quelles distractions devez-vous éliminer pour adorer Dieu pleinement ?

Semaine 4 : Les Bienfaits et l'Impact de l'Adoration

Jour 11: La transformation personnelle

- Lire : **2 Corinthiens 3:18**
  - Question : Comment l'adoration vous transforme-t-elle pour ressembler davantage à Christ ?
  - Réflexion : Identifiez une qualité de Christ que vous souhaitez développer.

Jour 12 : La paix et la joie dans l'adoration

- Lire : **Psaume 16:11**
  - Question : Pourquoi l'adoration produit-elle de la joie et de la paix ?
  - Réflexion : Comment pouvez-vous expérimenter ces bienfaits cette semaine ?

Jour 13 : L'impact sur les autres

- Lire : **Matthieu 5:16**
  - Question : Comment votre vie d'adoration peut-elle attirer les autres à Christ ?

- Réflexion : Identifiez une manière dont vous pouvez témoigner à travers votre adoration.

Jour 14 : L'adoration comme témoignage collectif

- Lire : **Actes 2:42-47**
    - Question : Comment l'adoration collective renforce l'unité et le témoignage de l'Église ?
    - Réflexion : Quelles habitudes d'adoration collective pouvez-vous développer avec votre communauté ?

Semaine 5 : L'Adoration comme Arme Spirituelle

Jour 15 : La bataille appartient à Dieu

- Lire : **2 Chroniques 20:15-22**
    - Question : Comment l'adoration a-t-elle conduit Josaphat à la victoire ?
    - Réflexion : Identifiez un combat spirituel dans lequel vous pouvez utiliser l'adoration comme arme.

Jour 16 : Adorer dans les épreuves

- Lire : **Actes 16:25-26** (Paul et Silas en prison)
    - Question : Comment la louange a-t-elle conduit à la délivrance dans ce passage ?

- Réflexion : Quels défis pouvez-vous surmonter par la louange ?

Jour 17 : La puissance de la louange collective

- Lire : **Psaume 22:3**
  - Question : Pourquoi Dieu agit-Il puissamment lorsque Son peuple L'adore ?
  - Réflexion : Participez à un moment de louange collective cette semaine.

Conclusion : Vivre une Vie d'Adoration

Jour 18 : Une vie consacrée à Dieu

- Lire : **Romains 12:1**
  - Question : Qu'est-ce qu'un "sacrifice vivant" dans le contexte de l'adoration ?
  - Réflexion : Engagez-vous à offrir chaque aspect de votre vie en adoration à Dieu.

Jour 19 : Préfigurer l'adoration céleste

- Lire : **Apocalypse 7:9-12**
  - Question : Comment votre adoration terrestre prépare-t-elle pour l'adoration éternelle ?

- Réflexion : Imaginez-vous faisant partie de cette multitude céleste et laissez cela inspirer votre adoration quotidienne.

Jour 20 : Un engagement à adorer

- Prenez un moment pour prier et vous engager à cultiver une adoration authentique, intentionnelle, et constante dans votre vie.

Suggestions pratiques pour l'étude:

1. **Journal de réflexion :** Notez vos réponses aux questions et vos prières dans un journal.
2. **Mise en pratique :** Chaque jour, appliquez un élément de l'étude (par exemple, chanter un chant de louange, méditer un verset, ou servir quelqu'un).
3. **Partagez en groupe :** Si vous étudiez en groupe, discutez de vos réflexions et encouragez-vous mutuellement à grandir dans l'adoration.

Que cette étude vous guide vers une adoration plus profonde et authentique qui glorifie Dieu et transforme votre vie.

Suggestions de Chants et de Psaumes d'Adoration

Voici une sélection de chants modernes et traditionnels, ainsi que des psaumes, pour enrichir vos moments d'adoration personnelle ou collective. Ces chants et psaumes sont centrés sur l'adoration de Dieu pour Sa grandeur, Sa sainteté, et Son amour.

1. Chants Modernes d'Adoration

1.1. Adoration de la grandeur et de la sainteté de Dieu

- **"10,000 Reasons (Bless the Lord)"** – Matt Redman
  Célèbre les innombrables raisons de louer Dieu pour Ses bénédictions.

- **"Holy, Holy, Holy (God Almighty)"** – Shane & Shane (ou version classique)
  Un chant intemporel qui proclame la sainteté de Dieu.

- **"How Great Is Our God"** – Chris Tomlin
  Un hymne puissant qui magnifie la grandeur de Dieu.

- **"Here I Am to Worship"** – Tim Hughes
  Un appel à venir adorer le Roi des rois dans l'humilité.

1.2. Adoration centrée sur l'amour de Dieu

- **"Reckless Love"** – Cory Asbury
  Un chant qui célèbre l'amour inconditionnel et poursuivant de Dieu.

- **"Good Good Father"** – Chris Tomlin
  Une reconnaissance de la bonté et de l'amour paternel de Dieu.

- **"Oceans (Where Feet May Fail)"** – Hillsong UNITED
  Un chant d'adoration et de confiance en Dieu, même dans les moments d'incertitude.

1.3. Adoration dans les moments difficiles

- **"Raise a Hallelujah"** – Bethel Music
  Un chant de foi proclamé au milieu des combats spirituels.

- **"Way Maker"** – Sinach (ou Leeland)
  Un hymne à la puissance de Dieu pour ouvrir des chemins dans les situations impossibles.

- **"It Is Well with My Soul"** – Kristene DiMarco (ou version classique)
  Une déclaration de paix et de foi en Dieu, peu importe les circonstances.

1.4. Adoration collective

- **"Great Are You Lord"** – All Sons & Daughters
  Un chant puissant pour adorer ensemble la grandeur de Dieu.

- **"Build My Life"** – Housefires
  Un engagement à construire sa vie sur l'amour et les enseignements de Dieu.
- **"Come Now Is the Time to Worship"** – Brian Doerksen
  Un appel à adorer Dieu avec tout notre cœur.

2. Chants Traditionnels d'Adoration

- **"Amazing Grace"** – John Newton
  Un chant intemporel qui célèbre la grâce de Dieu.
- **"Be Thou My Vision"** – Hymne irlandais
  Une prière pour que Dieu soit notre vision et notre guide dans la vie.
- **"À Toi la Gloire"**
  Un chant francophone qui célèbre la victoire de Jésus-Christ sur la mort.
- **"Grand Dieu Nous Te Bénissons"**
  Un hymne solennel qui proclame la majesté de Dieu.
- **"Que Tout Mon Être Te Glorifie"**
  Un chant de consécration totale à Dieu.

3. Psaumes d'Adoration

Les Psaumes sont une source inépuisable d'inspiration pour l'adoration. Voici quelques-uns des plus puissants pour exalter Dieu.

3.1. Psaumes pour célébrer la grandeur et la souveraineté de Dieu

- **Psaume 8**
  "Éternel, notre Seigneur ! Que ton nom est magnifique sur toute la terre !"
  Reconnaît la grandeur de Dieu dans la création.

- **Psaume 19**
  "Les cieux racontent la gloire de Dieu, et l'étendue manifeste l'œuvre de ses mains."
  Un appel à voir Dieu dans la beauté de Sa création.

- **Psaume 96**
  "Chantez à l'Éternel un cantique nouveau ! Chantez à l'Éternel, vous tous, habitants de la terre !"
  Un psaume d'appel universel à louer Dieu.

3.2. Psaumes de louange et d'adoration pure

- **Psaume 103**
  "Mon âme, bénis l'Éternel ! Que tout ce qui est en moi bénisse son saint nom !"
  Un psaume qui célèbre la fidélité et la compassion de Dieu.

- **Psaume 145**
  "Je t'exalterai, mon Dieu, mon roi, et je bénirai ton nom à toujours et à perpétuité."
  Un psaume qui exalte les œuvres puissantes de Dieu.

- **Psaume 150**
  "Louez l'Éternel ! Louez Dieu dans son sanctuaire !"
  Un psaume qui appelle à louer Dieu avec des instruments et des chants.

3.3. Psaumes d'adoration dans les moments difficiles

- **Psaume 42**
  "Pourquoi t'abats-tu, mon âme, et gémis-tu au-dedans de moi ? Espère en Dieu !"
  Un psaume qui exprime un profond désir de Dieu au milieu de l'épreuve.

- **Psaume 46**
  "Dieu est pour nous un refuge et un appui, un secours qui ne manque jamais dans la détresse."
  Un psaume de confiance en la présence et la puissance de Dieu.

- **Psaume 121**
  "Je lève mes yeux vers les montagnes : d'où me viendra le secours ? Mon secours vient de l'Éternel."
  Un rappel que Dieu est notre secours dans toutes les situations.

3.4. Psaumes de consécration

- **Psaume 139**
  "Sonde-moi, ô Dieu, et connais mon cœur ! Éprouve-moi, et connais mes pensées."
  Un psaume d'introspection et d'engagement envers Dieu.

- **Psaume 84**
  "Mieux vaut un jour dans tes parvis que mille ailleurs."
  Un psaume exprimant un profond désir de la présence de Dieu.

4. Suggestions pour Enrichir Vos Moments d'Adoration

1. **Créez une playlist personnelle :** Incluez des chants et psaumes qui résonnent avec votre cœur et vos expériences spirituelles.
2. **Chantez un psaume :** Mettez un psaume en musique ou chantez-le comme une prière.
3. **Combinez chants et psaumes :** Alternez entre la lecture de psaumes et des moments de chant pendant vos temps d'adoration.
4. **Partagez en groupe :** Utilisez ces chants et psaumes dans vos moments de louange collective pour encourager les autres.

Que ces chants et psaumes enrichissent vos moments d'adoration et vous rapprochent davantage de la présence de Dieu.

Voici des **questions de réflexion** et des **exercices pratiques** pour approfondir chaque chapitre d'une étude sur l'adoration. Ces outils visent à encourager l'engagement personnel et la mise en pratique des enseignements.

Définir l'adoration

Questions de réflexion :

1. Qu'est-ce que l'adoration signifie pour vous ? Est-ce un moment ou un mode de vie ?
2. Lisez Jean 4:23-24. Qu'est-ce que cela signifie pour vous d'adorer en "esprit et en vérité" ?
3. Quelles pratiques dans votre vie reflètent déjà une adoration authentique, et quelles sont celles qui pourraient être renforcées ?

Exercice pratique:

- Prenez un moment pour écrire une prière ou une déclaration personnelle qui exprime ce que signifie adorer Dieu pour vous. Utilisez des mots simples et sincères.
- Listez trois façons dont vous pouvez rendre votre adoration plus authentique et appliquez-les cette semaine.

Pourquoi Dieu désire notre adoration

Questions de réflexion :

1. Quels attributs de Dieu vous inspirent le plus d'admiration et de louange ? Pourquoi ?

2. Lisez Psaume 96:1-9. Comment ce passage vous pousse-t-il à exalter Dieu dans votre vie quotidienne ?

3. Pourquoi pensez-vous que Dieu valorise une adoration sincère plutôt que des rituels ?

Exercice pratique :

- Identifiez une caractéristique de Dieu (sa sainteté, son amour, sa fidélité, etc.) et prenez 10 minutes chaque jour cette semaine pour méditer et L'adorer pour cela.
- Écrivez une lettre à Dieu en louant Ses attributs que vous avez expérimentés dans votre vie.

Les expressions de l'adoration

Questions de réflexion :

1. Parmi les différentes formes d'adoration (louange, prière, méditation, service), laquelle pratiquez-vous le plus ? Pourquoi ?

2. Lisez Psaume 150. Pourquoi pensez-vous que les instruments et les chants sont si liés à l'adoration ?

3. Comment le service envers les autres peut-il être une expression d'adoration ?

Exercice pratique :

- Chantez ou écoutez un chant d'adoration tous les jours pendant une semaine et méditez sur les paroles.
- Servez quelqu'un cette semaine de manière intentionnelle, en considérant cette action comme une offrande d'adoration à Dieu.

Les obstacles à une adoration authentique

Questions de réflexion :

1. Identifiez des "idoles modernes" qui pourraient rivaliser avec votre adoration pour Dieu (par exemple, carrière, possessions, relations). Comment pouvez-vous les soumettre à Dieu ?
2. Lisez Ésaïe 29:13. Avez-vous déjà participé à une adoration qui semblait être une routine ? Si oui, qu'avez-vous ressenti ?
3. Quelles distractions vous empêchent souvent d'adorer pleinement ?

Exercice pratique :

- Passez du temps dans la prière en demandant à Dieu de vous révéler tout ce qui pourrait détourner votre cœur de Lui.
- Cette semaine, déconnectez-vous volontairement d'une distraction (comme les réseaux sociaux ou une habitude de

consommation) et utilisez ce temps pour adorer Dieu.

L'adoration comme arme spirituelle

Questions de réflexion :

1. Lisez 2 Chroniques 20:15-22. Quelle est la leçon principale que vous tirez de l'histoire de Josaphat ?
2. Quels combats spirituels rencontrez-vous actuellement ? Comment pouvez-vous utiliser l'adoration dans ces situations ?
3. Pourquoi pensez-vous que Dieu agit puissamment lorsque Son peuple L'adore ?

Exercice pratique :

- Choisissez un combat spirituel spécifique que vous traversez et consacrez un temps de louange chaque jour, déclarant la souveraineté de Dieu dans cette situation.
- Écrivez une liste de versets et de chants qui proclament la victoire de Dieu. Utilisez-les pendant vos moments d'adoration.

Les bienfaits de l'adoration

Questions de réflexion :

1. Lisez Psaume 16:11. Quels bienfaits (paix, joie, espoir) avez-vous expérimentés à travers l'adoration ?
2. Comment l'adoration vous aide-t-elle à mieux gérer les épreuves de la vie ?
3. Pensez-vous que l'adoration a un impact sur votre entourage ? Pourquoi ?

Exercice pratique :

- Écrivez un témoignage sur un moment où l'adoration vous a apporté de la paix ou de la joie dans une situation difficile.
- Cette semaine, partagez un moment d'adoration avec quelqu'un (un ami ou un membre de la famille) et discutez des bienfaits que vous ressentez.

L'adoration et la transformation personnelle

Questions de réflexion :

1. Lisez Romains 12:1-2. Comment pouvez-vous offrir votre corps comme un "sacrifice vivant" ?
2. Quels changements personnels avez-vous vus ou espérez-vous voir en devenant plus semblable à Christ ?
3. Qu'est-ce qui rend la transformation personnelle par l'adoration différente d'un simple changement de comportement ?

Exercice pratique :

- Identifiez une habitude ou une attitude que vous souhaitez soumettre à Dieu dans votre processus de transformation. Priez chaque jour pour cela.

- Écrivez une prière d'engagement, demandant à Dieu de vous aider à devenir plus semblable à Christ à travers l'adoration.

L'impact de l'adoration sur le monde

Questions de réflexion :

1. Lisez Matthieu 5:16. Comment votre adoration peut-elle être une lumière pour ceux qui vous entourent ?

2. Lisez Actes 2:42-47. Comment l'adoration collective de l'Église primitive a-t-elle impacté leur communauté ?

3. Pensez-vous que l'adoration peut être un témoignage évangélique ? Pourquoi ?

Exercice pratique :

- Prenez un moment pour adorer Dieu publiquement cette semaine, que ce soit par un acte de bonté, un témoignage, ou en partageant un chant ou un verset.

- Invitez quelqu'un à un moment de louange ou à l'église pour qu'il puisse voir l'impact de l'adoration collective.

Appel à une adoration authentique et intentionnelle

Questions de réflexion :

1. Que signifie pour vous vivre une vie d'adoration "authentique et intentionnelle" ?
2. Quelles habitudes pouvez-vous intégrer pour rendre votre adoration plus intentionnelle ?
3. Qu'est-ce qui vous empêche parfois d'adorer avec tout votre cœur, et comment pouvez-vous y remédier ?

Exercice pratique :

- Établissez un plan personnel pour faire de l'adoration une priorité quotidienne. Incluez des moments spécifiques pour prier, chanter, méditer, et servir.
- Engagez-vous à suivre ce plan pendant une semaine et notez les changements spirituels que vous observez.

Vivre une vie centrée sur l'adoration

Questions de réflexion :

1. Quels changements concrets pouvez-vous faire pour que chaque aspect de votre vie glorifie Dieu ?

2. Lisez Apocalypse 7 :9-12. Comment cette vision de l'adoration céleste influence-t-elle votre adoration sur terre ?

3. En quoi votre vie quotidienne reflète-t-elle une adoration sincère ?

Exercice pratique :

- Chaque soir, notez une chose dans votre journée où vous avez vu Dieu agir et prenez un moment pour L'adorer pour cela.

- Identifiez une activité quotidienne (travail, repas, etc.) que vous pouvez transformer en acte d'adoration en changeant votre attitude ou votre perspective.

Conclusion : Que ces questions et exercices vous aident à intégrer l'adoration dans chaque aspect de votre vie, non seulement comme une activité ponctuelle, mais comme un style de vie qui glorifie Dieu en toutes choses.

Bibliographie

1. Livres sur l'Adoration

1.1. Adoration en général

1. **Louie Giglio** – *The Air I Breathe: Worship as a Way of Life*
    - Une réflexion sur la manière dont l'adoration va au-delà des moments de culte pour devenir un style de vie.

2. **John MacArthur** – *The Ultimate Priority: Worship*
    - Une exploration approfondie de l'importance de l'adoration dans la vie chrétienne et de ce que signifie adorer Dieu en esprit et en vérité.

3. **Matt Redman** – *The Unquenchable Worshipper*
    - Ce livre explore la passion de l'adoration et la manière dont elle transforme notre relation avec Dieu.

4. **D.A. Carson** – *Worship by the Book*
    - Une approche théologique et pratique sur l'adoration dans le cadre de l'Église, en s'appuyant sur la Bible.

5. **A.W. Tozer** – *The Purpose of Man: Designed to Worship*

- Une méditation puissante sur le but principal de l'homme : adorer Dieu.

1.2. L'adoration en esprit et en vérité

1. **Tim Keller** – *True Worship*
   - Une exploration de Jean 4:23-24, analysant ce que signifie vraiment adorer Dieu en esprit et en vérité.
2. **Bob Kauflin** – *Worship Matters: Leading Others to Encounter the Greatness of God*
   - Ce livre s'adresse aux leaders de louange, mais il contient des réflexions précieuses sur l'adoration personnelle et collective.

1.3. Adoration et transformation personnelle

1. **Richard Foster** – *Celebration of Discipline: The Path to Spiritual Growth*
   - Ce classique traite des disciplines spirituelles, y compris l'adoration, et de leur rôle dans la transformation personnelle.
2. **Dallas Willard** – *The Spirit of the Disciplines*
   - Une analyse approfondie des disciplines spirituelles, notamment l'adoration,

comme outils pour devenir semblable à Christ.

1.4. Adoration comme arme spirituelle

1. **Ron Kenoly** – *Lift Him Up*

   - Une étude sur le pouvoir de la louange et de l'adoration dans les batailles spirituelles.

2. **Chris Tomlin et Darren Whitehead** – *Holy Roar: 7 Words That Will Change the Way You Worship*

   - Une exploration des termes hébreux liés à la louange et leur application dans notre vie.

2. Ouvrages Bibliques et Commentaires

1. **Matthew Henry** – *Commentary on the Whole Bible*

   - Une ressource classique pour comprendre les passages bibliques liés à l'adoration.

2. **John Stott** – *The Message of the Sermon on the Mount*

   - Une analyse du Sermon sur la Montagne, incluant des réflexions sur l'adoration et la soumission à Dieu.

3. **N.T. Wright** – *Simply Christian: Why Christianity Makes Sense*
   - Une introduction accessible au christianisme, avec des réflexions sur l'adoration comme élément fondamental de la foi.

4. **William Barclay** – *The Daily Study Bible Series*
   - Une série qui explore les Écritures avec des commentaires pratiques, y compris des passages sur l'adoration.

5. **Christopher Wright** – *The Mission of God's People: A Biblical Theology of the Church's Mission*
   - Ce livre relie l'adoration au mandat missionnaire de l'Église.

3. Articles et Études Académiques

1. **"Adoration en esprit et en vérité : une étude exégétique de Jean 4:23-24"**
   - Une analyse approfondie des enseignements de Jésus sur l'adoration.

2. **"L'adoration dans l'Ancien Testament"** – Gordon J. Wenham
   - Une exploration des pratiques d'adoration dans le temple et leur signification théologique.

3. **"The Power of Praise and Worship"** – Article publié dans *Christianity Today*

    o Discute de la puissance transformatrice de la louange.

4. Psaumes et Références Bibliques Clés

Les Psaumes

1. **Psaume 8, 19, 96, 103, 145, et 150**

    o Des psaumes centraux pour l'adoration, glorifiant la grandeur, la fidélité, et la sainteté de Dieu.

Passages de l'Ancien Testament

1. **Exode 20:1-6** – Les Dix Commandements et l'interdiction de l'idolâtrie.

2. **2 Chroniques 20** – La victoire de Josaphat par l'adoration.

Passages du Nouveau Testament

1. **Jean 4 :23-24** – L'adoration en esprit et en vérité.

2. **Romains 12 :1-2** – Offrir nos corps comme un sacrifice vivant.

3. **Philippiens 4 :6-7** – La prière et la louange apportent la paix.

4. **Hébreux 13 :15-16** – Offrir un sacrifice de louange à Dieu.

5. **Apocalypse 7:9-12** – L'adoration céleste.

5. Ressources Liturgiques et Hymnologiques

1. **"The Hymnal: A Worship Book"**
    - Une collection de chants d'adoration, utile pour explorer les paroles de louanges traditionnelles.

2. **"Songs of Fellowship"**
    - Un recueil de chants modernes et traditionnels pour enrichir l'adoration personnelle ou collective.

6. Ressources Francophones

1. **Claude Houde** – *Louer, c'est vivre : La puissance de l'adoration authentique*
    - Un guide spirituel pratique sur la louange et l'adoration dans le contexte francophone.

2. **André Adoul** – *L'adoration, une nécessité pour l'Église aujourd'hui*
    - Une réflexion sur l'importance de l'adoration collective dans l'Église moderne.

3. **"Les Psaumes : une école de prière et d'adoration"** – Article publié dans *Servir en Esprit et en Vérité*.

7. Autres Suggestions

1. **Cantiques et chants francophones :**
   - *À toi la gloire*
   - *J'élève ma voix*
   - *Majesté*
   - *Viens et remplis ce lieu*

2. **Ressources en ligne :**
   - *TopChrétien.com* : Articles et vidéos sur la louange et l'adoration.
   - *Bible Gateway* : Une plateforme pour comparer différentes traductions bibliques lors de l'étude.

Table des Matières

Introduction 8

Définir l'Adoration : Une Compréhension Biblique de l'Adoration 11

Pourquoi ce sujet est crucial pour les croyants aujourd'hui 16

L'objectif du livre : Aligner l'adoration sur ce que Dieu désire réellement 22

Chapitre 1 25

La Nature de Dieu et l'Adoration 26

    Qui est Dieu selon les Écritures ? 31

    Pourquoi seul Dieu mérite notre adoration 35

    Exemples Bibliques d'Adoration Développés : Abraham, Moïse, David..40

Chapitre 2 46

L'Adoration en Esprit et en Vérité...............................47

    Analyse de Jean 4 :23-24..53

    Qu'est-ce que l'adoration "en esprit" ? 60

    Qu'est-ce que l'adoration "en vérité" ?..................67

    Différence entre une Adoration Authentique et une Adoration Superficielle 74

Chapitre 3 80

L'Adoration dans la Vie Quotidienne.........................81

    L'adoration ne se limite pas à la musique ou au culte..88

L'Adoration comme Mode de Vie : "Offrez vos corps comme un sacrifice vivant" (Romains 12 :1) 94

Comment Refléter L'adoration Dans Nos Paroles, Actions, Et Pensées 100

Chapitre 4 106

Les Expressions de l'Adoration 107

La Louange, la Prière, la Méditation et les Œuvres : Quatre Expressions de l'Adoration 115

L'Importance de l'Obéissance comme Expression Suprême d'Adoration 121

Exemples Pratiques d'Adoration : Chanter, Servir les Autres, Donner Généreusement 128

Chapitre 5 134

Les Faux Modèles d'Adoration 134

Les Dangers de l'Idolâtrie Moderne : Carrière, Possessions, Relations 135

La Critique des Pratiques Religieuses sans Relation avec Dieu *(Ésaïe 29 :13)* 141

Comment Discerner et Rejeter les Formes d'Adoration qui ne Plaisent pas à Dieu 148

Chapitre 6 155

L'Adoration et la Communauté 155

Le Rôle de l'Église dans l'Adoration Collective .. 156

Pourquoi Dieu Valorise l'Unité dans l'Adoration 163

Les Bienfaits Spirituels de l'Adoration en Communauté 170

Chapitre 7 177
Les Fruits de l'Adoration Véritable 177

   Transformation Personnelle : Devenir de Plus en Plus Semblable à Christ 178

   Impact sur le Monde : Témoigner de la Grandeur de Dieu par Notre Adoration 185

   L'Adoration comme Arme Spirituelle : La Victoire de Josaphat par l'Adoration 193

   (2 Chroniques 20) 193

Conclusion 200

   Synthèse des Enseignements Clés sur l'Adoration 201

   Appel à une Adoration Authentique et Intentionnelle 208

   Prière pour Une Relation Plus Profonde avec Dieu 214

Annexes 216

   Plan d'Étude Biblique sur l'Adoration 216

   Suggestions de Chants et de Psaumes d'Adoration 224

Bibliographie 238

Table des Matières 245

Remerciements Spéciaux

Je tiens à exprimer mes **remerciements les plus sincères et profonds** à ceux qui ont apporté leur soutien, leur expertise et leur générosité tout au long de la réalisation de cet ouvrage.

À **M. Jules Joseph de Emmanuel Funéral Home**, pour son soutien inconditionnel et son esprit de service. Sa bienveillance et son dévouement à aider la communauté ont été une source d'inspiration et de force pour moi. Merci pour votre générosité et votre engagement.

À **Stallonne Annulysse de Stallonne Multi Services**, pour son aide précieuse et son sens du service exceptionnel. Son professionnalisme et sa volonté d'aider ont été d'une grande importance dans la réalisation de ce projet. Merci pour votre soutien constant et votre dévouement.

À **Maestro Ilano Jeune**, dont le talent et l'engagement ont enrichi chaque moment partagé. Sa passion et son dévouement à la musique et au service de l'Église sont une bénédiction pour nous tous. Merci pour votre contribution inestimable.

À **Appolonet LLC**, pour leur soutien technique et leur professionnalisme. Votre expertise a joué un rôle essentiel dans ce projet, et je suis reconnaissant pour le dévouement avec lequel vous avez contribué.

Enfin, à **Frère Julner Viljean de Best Solution Multi Service**, pour son soutien, ses conseils avisés et son service exceptionnel. Merci pour votre esprit de fraternité et votre disponibilité, qui ont été pour moi une aide précieuse tout au long de ce parcours.

À chacun d'entre vous, je vous exprime toute ma reconnaissance et ma gratitude. Que Dieu vous bénisse abondamment pour votre générosité, votre soutien et votre amitié.

AUTRE OUVRAGE DE JEAN E. BRUNY

DISPONIBLE SUR AMAZON :

Made in the USA
Columbia, SC
23 April 2025

56986282R00137